DEJÉ DE SER YO

Memorias de un abuso narcisista

Débora Palop

DEJÉ DE SER YO

Memorias de un abuso narcisista

Prólogo de Cristina Carmona Botía, psicóloga

Epílogo de José Lorente Guillén, escritor, licenciado en Filología Hispánica y profesor

Desclée De Brouwer

Prólogo: Cristina Carmona Botía, psicóloga
Epílogo: José Lorente Guillén, escritor, licenciado en Filología Hispánica y profesor
Olga Castanyer-Spiess, psicóloga y directora de la colección Serendipity y coordinadora de la obra
Obra inscrita en el Registro de la Propiedad Intelectual
Expediente número 765-629638

Henao, 6 – 48009 Bilbao
www.edesclee.com
info@edesclee.com

Printed in Spain
ISNB: 978-84-330-3275-1
Depósito Legal: BI-1057-2024
Impresión: Itxaropena S. A. - Zarautz

Hacemos lo que podemos,
y a veces lo mejor que podemos hacer es correr.

A dos personas que conocí mientras todo esto ocurría:
mis padres.

ÍNDICE

PRÓLOGO

Cristina Carmona Botía,
psicóloga

A veces, el príncipe se convierte en sapo.

Y tras la sorpresa y el estado de *shock*, vendrá la justificación, y puede que el perdón, ante un conflicto del que ni siquiera se sabe cómo, dónde o cuándo empezó. La relajación y la satisfacción de encontrar de nuevo al príncipe nos devuelven a la luna de miel. Y después de un tiempo, vuelta a empezar. A veces, el príncipe se convierte en sapo… y cuando ya han sido muchas veces, el dolor se mete muy dentro y hace que tomes decisiones erróneas y hasta que pierdas tu identidad.

La necesidad de encontrar al *príncipe* que hallaste al principio es cada vez más angustiosa, porque el sapo está cada vez más presente y su veneno mata poco a poco. Así es el ciclo de maltrato, un bucle que da comienzo con una conexión estupenda, puede que idílica, en la que un día ocurre algo, una discusión se desata y provoca una escalada violenta, ya sea física o verbal. La víctima se encuentra de pronto en una situación absurda en la que será castigada o regañada de forma desproporcionada.

Y esta situación de conflicto puede que se alargue horas o días, entre silencios y miradas de desprecio. Mientras, ella se pregunta qué fue tan dramático, tan hiriente, y por qué él reacciona tan mal y si debería pedir perdón para que cese la angustiosa situación, sobre todo porque no le encuentra sentido y necesita una explicación a su reacción, al castigo proferido: «porque miró hacia el lado derecho cuando conducía», «porque colocó mal el rollo de papel higiénico», «porque las persianas de la habitación estaban bajadas», «porque fue demasiado simpática», «porque nunca lo tiene en cuenta lo suficiente y está más pendiente del niño de dos años», «porque el vestido es demasiado corto»...

Y, en definitiva, «porque tú has hecho que se ponga así». Porque eso que has hecho él lo entiende y lo vive como un ataque, una falta de respeto, una falta de atención, una agresión que, según él, tienes que aprender a controlar porque lo necesitas para limar tus imperfecciones...

A estas alturas, ya sabemos que muchas mujeres viven bajo el yugo de un maltratador, sabemos que pasa con mucha frecuencia y que, en algunos casos, puede ser mortal. Lo sabemos, pero... Caer en un vínculo de este tipo es más fácil de lo que se pueda pensar, y en algunos casos este ciclo –calma, acumulación de tensión, explosión, luna de miel– ocurre con mucha sutileza al principio. Es un avance insidioso en el que la víctima va perdiendo su identidad y su salud mental.

Además, el *príncipe* se esmera en serlo durante un tiempo, el suficiente para que te lo creas, y se deleita ofreciendo un lenguaje y una actitud edulcorada que amortigüe el malestar de su víctima, ensalzándola: «ella será su reina, la mujer de su vida».

Y así teje la primera tela de araña: eres la mujer de su vida, pero «serías mejor si...» dejaras de pintarte porque no lo necesitas, porque tú estás guapa al natural y la sociedad pervierte la belleza.

Y ya tenemos al descubierto ese sentimiento de insuficiencia que te acompañará el resto de la relación y que irá en aumento hasta hacerte sentir invisible.

El avance del vínculo suele ser devastador y, como le ocurre a la autora, cuanto mayor es el esfuerzo para comprender, ayudar y dar sentido a la actitud del maltratador, mayor será la dificultad para hablarlo fuera de la pareja, el sentimiento de vergüenza por «haberlo consentido» y la dificultad para dejarlo ir y asumir que todo ese esfuerzo no sirvió.

Puede que suene tremendista, pero el esfuerzo mental es muy alto porque la persona se debate entre el amor que siente y la incomprensión por la situación y por todas las promesas de su príncipe-sapo.

Cuanto mayor es el esfuerzo por creerlo, mayor deberá ser el esfuerzo por abandonar la idea de que la persona que ama no es quien parecía en un principio, que es solo el 10% y que convives con el restante 90%, que te provoca miedo y angustia, te humilla y te lleva a la confusión, al dolor y al agotamiento mental.

La autora expone cómo se va desarrollando la relación y cómo va sintiendo poco a poco esa pérdida de sí misma, esa duda y esa angustia, viviendo en un «casi» todo el tiempo y cómo la incertidumbre y el maltrato la van minando, hasta no reconocerse.

Como decía al principio, puede ser más fácil de lo que se piensa dar con un maltratador narcisista. Los llamo los «embaucadores», hombres que se muestran exitosos, se consideran por encima de los demás, elocuentes, que disfrutan argumentando y son hábiles en sus discursos, aduladores y seductores...

Cumplen con todas las características del trastorno narcisista de la personalidad y, además, tienen una vertiente un tanto sádica, disfrutan embaucando a su víctima, suelen escoger a mujeres inteligentes e independientes, fuertes, a las que consideran un 10, porque «deben ser un reflejo de su grandeza» y ellos no pueden tener menos a su lado.

Pero ese diez les puede... Con el tiempo, no soportan que puedan hacerles sombra y entonces aparecerá el verdadero carácter: un patrón persistente de grandiosidad (grandeza), necesidad de adulación y falta de empatía que se caracteriza por los siguientes aspectos:

- Sentido exagerado e infundado de su propia importancia y talentos (grandeza).
- Preocupación por fantasías de logros ilimitadas, influencia, poder, inteligencia, belleza o amor perfecto.
- Creencia de que son especiales y únicos y que solo deben asociarse con individuos del más alto nivel.
- Necesidad de ser admirado de manera incondicional.
- Un alto sentido del derecho.
- Explotación de los demás para lograr sus propios objetivos.
- Carencia de empatía.
- Envidia de los demás y creencia de que otros los envidian.
- Arrogancia y soberbia.

Además, en el caso que plantea esta historia, el agresor disfruta con el sufrimiento de la víctima, mostrando una identidad con características sádicas: establece conexiones de control, dominación y abuso como modo preferente de relacionarse con los demás, vive como gratificantes actos en que humilla, desprecian e incluso trata con brutalidad a los demás, provocando sucesos que resultarán dolorosos (tensión, miedo, crueldad).

Un ser humano con estas características o con unos rasgos muy marcados generalmente hace sufrir mucho a su entorno y, en especial, a su pareja. No suele acudir a terapia, porque está «en sintonía» con sus sentimientos, no se siente mal, son los demás quienes le provocan malestar. Y si causa dolor es porque los demás, en este caso, su pareja, hacen las cosas mal; ella es la autora de su dolor, en definitiva.

La dinámica del día a día se convierte en un bucle de manipulación, culpabilidad, control y aislamiento que el maltratador ejerce mediante la humillación y el abuso. Al principio son situaciones puntuales. Con el tiempo, sin embargo, se pueden establecer como el estado normal. Cuando se tiene una relación con una personalidad sádica, no es posible escapar al sufrimiento más que alejándose físicamente y cortando todos los lazos.

Pero las personalidades narcisistas no soportan que las dejen –«a ellos no los deja nadie»– y las personalidades sádicas se crecen y disfrutan viviendo el dolor de su víctima, así que tampoco te permitirá ir si puede exprimir tu dolor y disfrutarlo... Y, entre todo eso, aparece el *príncipe* que ama y adora como el primer día a su princesa.

Ese lado amable que enamoró y el miedo a perderlo de nuevo es el que retiene a su víctima. Y de nuevo diré que esto no es de un día para otro. No todo es horrible al principio, sino que son pequeñas cosas que la víctima permite porque hay otras más fuertes que compensan al principio.

Aquí hay un camino largo por andar en educación afectiva y emocional. La literatura, el cine, los cuentos, la música... están plagados de relaciones de pareja y comentarios sobre el amor en los que se muestran y se toleran comportamientos tóxicos y de maltrato que se validan y hasta se ensalzan como signo de enamoramiento. En ocasiones, será el propio entorno quien niegue la relevancia de la agresión.

Así, no es fácil reconocerse en un vínculo de este tipo, sobre todo al principio, y cuando empiezan a ser conscientes, las víctimas han llegado a un grado de duda y confusión debido a la manipulación y a la culpabilidad que las paraliza y, como se refleja en este relato, desarrollan depresión, la autoestima cae por los suelos y sienten ansiedad constante. Una unión de estas características deja una huella traumática que requiere tiempo, terapia y voluntad para hacerla desaparecer.

Mostrar abiertamente la relación vivida es un acto de valentía que espero sirva como guía a otras mujeres que han estado o que pueden estar en una situación parecida. E, incluso, un acto de reflexión para quienes observamos desde fuera y vemos comportamientos parecidos en nuestro entorno. No los justifiquemos, no los neguemos.

Debemos hacer más hincapié en la educación afectivo-sexual y en la educación emocional. Hablamos mucho de emociones, de conceptos como la empatía o la asertividad y de parejas sanas, pero la realidad es que se tiende a la justificación del individualismo y a la tolerancia de conductas que son intolerables, al aumento de la falta de un compromiso afectivo y a la relativización de las relaciones humanas y las consecuencias de nuestros actos respecto al otro.

Hay una tendencia a extremar las relaciones que va desde la aceptación con un casi todo vale, porque tenemos que aceptar al otro tal como es, al punto opuesto, que no deja de ser una cara de la misma moneda, que nos dice que hay que ser uno mismo a pesar del otro y del daño que cause, «porque ha de aceptarme como soy». Bajo estas premisas, el embaucador y el maltratador tienen el terreno abonado.

Por suerte, algunas valientes están dispuestas a alzar la voz para contar su historia y abrir los ojos a quienes lo necesitan.

SEGUNDA SESIÓN CON MI PSICÓLOGA

¿Ves este libro de aquí? Es un manual de psicopatía. Cuéntame una historia y buscamos una referencia. ¿Eres consciente de que has tenido una relación con un perverso narcisista, con un psicópata?

> Presentan una ausencia total de interés y de empatía por los demás, pero desean que se interesen por ellos. Se les debe todo. Critican a todo el mundo y no admiten ninguna acusación ni ningún reproche. Frente a este mundo de poder, la víctima se siente forzosamente en un mundo de fallos.
>
> Los perversos se conectan con los demás para seducirlos; a menudo, se los describe como personas seductoras y brillantes. Una vez se ha pescado el pez, basta con mantenerlo enganchado hasta que se lo necesite. El otro no existe, es simplemente útil[1].

1. Hirigoyen, M. F. (1999). *El acoso moral: El maltrato psicológico en la vida cotidiana.* Barcelona: Planeta.

«A la final todos queremos lo mismo», decía Él cada vez que hablábamos sobre los objetivos al usar aplicaciones para ligar. No, no todos queremos lo mismo ni lo expresamos de la misma manera. Hay gente que solo busca sexo, pero prefiere no decirlo con claridad o inventarse alguna historia.

También hay gente como Él, en cuya bío especificaba: «Buscando conocer personas». Supongo que aluden al significado que le da la Biblia al verbo *conocer*. Un día le pregunté si, al referirse a «personas» también contemplaba conocer hombres. Yo ya sabía la respuesta.

En parte quería ver hasta dónde era capaz de disfrazar sus razonamientos. Y así empezó todo este relato, a través de una aplicación de ligue, un *match* que marcaría un punto y aparte en mi vida, en la de muchas personas. Esta historia no solo me ha pasado a mí. Si me estás leyendo, seguramente te está pasando a ti.

26 DE SEPTIEMBRE DE 2020

Una tarde de verano, decidí abrir un perfil en Tinder para encontrar pareja; coincidimos, estuvimos hablando un rato por el chat y después pasamos a WhatsApp. Nos gustaba la música electrónica, más o menos teníamos la misma edad, compartíamos gustos culinarios. Todo parecía encajar y yo estaba muy ilusionada.

Esa misma tarde, vino a conocerme a mi ciudad. Quedamos en una cafetería cerca de mi casa situada en un lugar precioso, al aire libre. Él llegó antes que yo y estaba esperándome con una cara muy sonriente. Nos sentamos y la conversación empezó a fluir, pero en un principio no percibí ningún tipo de atracción física. Estuvimos hablando de muchas cosas, como de nuestras pautas alimentarias o de sus gustos a la hora de viajar; me llamó la atención que dijera que solo iba de viaje si tenía un propósito místico.

Durante la cita charlamos sobre espiritualidad: me contó que Él no mataba a las cucarachas que entraban en su casa porque eran seres reencarnados y eso me pareció llamativo. Ninguno de los dos tomó alcohol, sino agua con gas; me resultó divertido que pidiera eso y lo acompañé.

El encuentro terminó pronto, ambos teníamos que madrugar. Nos despedimos, quiso besarme, pero yo disimulé el gesto y nos marchamos cada uno a nuestra casa.

Al día siguiente, y como cada mañana, yo iba al monte con una amiga a andar. Al volver, vi una cucaracha en la cortina de mi salón y me pareció curioso; pensé que el destino me enviaba un mensaje. Macabro mensaje. Decidí escribirle y enviarle una foto del hallazgo, y empezamos a hablar. Me preguntó si le había gustado; le dije que me había caído bien, pero que no había sentido fuegos artificiales.

Él me dijo que yo sí le había atraído. Al final, decidimos quedar de nuevo para cenar, pues pensé que no tenía nada mejor que hacer y que podría ser una buena idea.

BOMBARDEO DE AMOR O *LOVE BOMBING*

En esta ocasión quedamos en vernos en su ciudad y conduje yo hasta allí. Cuando llegué, ahí estaba Él, esperándome en la puerta del restaurante, un lugar precioso cerca del mar. Él, diferente por completo. Había cambiado físicamente. De pronto, todo era distinto, me gustaba, era ÉL, sentía que había encontrado a mi hombre ideal.

Él tenía los ojos verdes, la piel clara, era rubio, estaba muy fuerte, practicaba *crossfit* a diario, vivía en la playa, tenía un coche eléctrico y era médico. Por decirlo así, se habían cumplido todos mis deseos, no podía encontrar a nadie mejor.

Y aquella segunda noche que nos vimos de repente sentí que me estaba enamorando.

Iñaki Piñuel, doctor en Psicología, define en su libro *Amor Zero: Cómo sobrevivir a los amores con psicópatas* esta fase como idealización: «Eres un ser especial para mí, la sensación que refieren todas las víctimas es exactamente esta. Te sientes barrido por una fantasía que parece haberse hecho realidad»[2].

2. Piñuel, I. (2016). *Amor Zero: Cómo sobrevivir a los amores con psicópatas*. Madrid: La Esfera de los Libros.

Esa noche nos besamos y fue estupendo, aunque recuerdo el momento exacto en el que debí haberme marchado. Me hizo una confesión sin ningún tipo de pudor por su parte: me contó que tenía una cuenta de Twitter, ahora la red social se llama X, con contenido porno.

De alguna manera, no quise darle importancia a eso, cerré los ojos. A los pocos días, busqué la cuenta y ahí estaba, con su nombre, apellidos, ciudad y foto; en ella, solo compartía contenido sexual muy explícito. Julio Cortázar, en *Rayuela*, tiene una frase que define muy bien toda esta situación: «Me di cuenta enseguida de que para verte como yo quería era necesario empezar por cerrar los ojos».

De alguna manera me hizo entender que aquello no era nada malo y que muchos hombres lo hacían. No le quise dar más importancia y pensé que más adelante cerraría esa cuenta y dejaría de hacer esas cosas.

Esa noche, insistió muchísimo en que me quedara en su casa, pero yo no quise y me marché. Me estaba empezando a encontrar mal y me apetecía estar en mi casa. Le envié un audio a mitad de viaje y jamás me contestó. Pensé que estaría ya dormido y se le habría pasado escucharlo. No le di más vueltas.

Al día siguiente, charlamos como si nada. Yo estaba muy contenta de haberme cruzado con alguien así, tan guapo, tan fuerte, tan inteligente… Me parecía un sueño hecho realidad.

Siempre me mandaba mensajes con muchos emojis con corazones.

Sus «buenos días» eran a diario, también los mensajes: «Cuando estamos juntos somos dinámicos, no puedo expresar lo que siento». Me encantaba recibir sus textos; hacía que mis días empezaran de buen humor pensando en nuestro futuro perfecto, en su casa en la playa y disfrutando de la vida.

A esta primera fase se la conoce como bombardeo de amor o *love bombing*. Según la psicóloga Silvia Rodríguez:

> Consiste en la adulación excesiva, la sensación de haber encontrado a tu alma gemela, la rapidez con la que sucede todo, la creencia de vivir en un sueño, la atención máxima por parte del narcisista y la creación de un futuro ideal[3].

Quedamos para el siguiente domingo, ya en la playa en la que yo veraneaba. Sin embargo, mientras me arreglaba, algo en mi interior, y no sé por qué, me decía que aquello no iba bien. Llegó el día y casi no supe nada de Él. Algunos días solo me escribía y por las tardes desaparecía. Eran los primeros signos del **refuerzo intermitente**: unas veces estoy, otras no, unas veces te doy un poquito de amor, otras desaparezco...

> El refuerzo intermitente es un término acuñado por B. F. Skinner para un programa dentro de su teoría de aprendizaje del condicionamiento operante. En resumidas cuentas, se denomina reforzamiento intermitente cuando, ante un comportamiento, la consecuencia positiva o la recompensa aparece de forma intermitente. Es decir, cuando lo que tratamos de perseguir al hacer algo aparece solo a veces, de forma impredecible[4].

Al final, quedamos y fue una noche fantástica, algo que no me podía creer. Estaba absorta y con la sensación de haber encontrado a alguien superespecial. Él se levantaba de la silla a besarme, lo cual me ruborizaba, a veces hasta me avergonzaba, me daba de comer,

3. Rodríguez, S. (2014). *Seducción, los psicópatas son encantadores de serpientes*. Recuperado de https://www.silviarodriguez.es/seduccion-los-psicopatas-son-encantadores-de-serpientes/
4. Blázquez, E. (2021). *El reforzamiento intermitente en la relación de pareja*. Recuperado de https://epsibapsicologia.es/el-reforzamiento-intermitente-en-la-pareja/

me partía la comida y me acercaba el tenedor a la boca. Durante esas primeras citas parecía que estábamos viviendo en una fantasía. Todo fluía, era como participar en una de las películas más románticas de la historia, irreal.

ENSALADA DE PALABRAS

Decidimos vernos la semana siguiente ya en su casa. Recuerdo la noche de antes de volver a quedar. Soy creyente y en mi habitación suele haber un rosario colgado en la puerta; esa noche lo tenía en la cama. Oí un ruido y, al mirar al suelo, vi allí tirado a Jesús, se había desprendido de la cruz. Poco tiempo después, en el piso de arriba de mi casa, estalló en mil pedazos el Niño Jesús que conservaba desde mi comunión. Debería habérmelo tomado como una señal de lo que vendría después. Fui a su casa. Cenamos. Empezaron las cosas extrañas.

Él siempre tenía encima de su mesilla *El manual del guerrero de la luz*. No era un simple libro. Esa noche lo sacó para que abriera las páginas, seleccionara un párrafo al azar y leyera en voz alta, según me dijo, para que entendiera un mensaje del más allá. No recuerdo qué decían aquellas líneas escritas por Paulo Coelho, pero sí su insistencia en que las entendiera, ya que me estaban revelando algo místico y definitivo.

Ser periodista significa leer mucho, y alguna que otra obra de Paulo Coelho ha caído en mis manos. El escritor cuenta en alguna novela su truculenta vida y su pertenencia en el pasado a sectas satánicas. Esto puede parecer un detalle nimio, pero no lo es en absoluto, aunque tardaría mucho tiempo en entender qué pasaba.

No presté más atención a aquello del libro, aunque estuviera contrariada.

Fui otra noche a su casa, lo cual propuse yo misma. Llegué con una botella de cava, un bizcocho y unas copas. Todo pintaba bien, pero según Él yo tenía muy mala energía. Esa noche siguió contándome lo que después supe que eran delirios mesiánicos. Empezó a hablarme del Todo y a explicarme cosas inconexas sobre el universo.

Aquella noche fue mal. De pronto, sonó la notificación de Tinder. Nunca más volví a oír su móvil, estaría en silencio hasta el fin de nuestra relación.

Al preguntarle si seguía usando la aplicación de ligue, me dijo que sí, así que le pedí que la cerrara si íbamos a seguir conociéndonos. Sacó el móvil, tocó la pantalla y fingió que lo hacía. La noche fue de mal en peor. Me dijo que era una insegura, celosa, y que la gente no era de mi propiedad. En ese momento, pensé que tenía razón.

¿Qué derecho tenía yo de pedirle a un casi desconocido que cerrara una aplicación de citas?

Ese día acabé con una sensación absoluta de caos. Yo solo sabía que había llegado cargada de cosas e ilusiones y allí estaba, sin entender nada, con una persona que hablaba del Todo, que me estaba volviendo loca a través de las palabras y que tenía un libro de Paulo Coelho a modo de guía espiritual, y para colmo era yo la que había llegado con mala energía a su casa.

«Cuando se sienten amenazados, los narcisistas, psicópatas o sociópatas utilizan lo que se llama ensalada de palabras en un intento por manejar la situación en su beneficio. Básicamente, es una conversación en el infierno»[5].

Me encontré en muchas conversaciones diciéndole que no comprendía lo que decía; sabía que estábamos hablando el mismo idioma, pero, por alguna razón, yo no era capaz de entender el discurso. Eso lo hacía sentirse poderoso porque me dejaba a mí en el lugar de no entender nada.

Le pedía que me explicara y la conversación volvía al mismo punto, es decir, a ninguno; era una mezcla de delirios sobre el Todo, mi incapacidad para comprender, culpa e ideas inconexas. Esa noche empecé a llorar bajo mi única defensa: «Yo soy buena persona, no sé qué está pasando».

Voy a recurrir a Pifarré[6] para explicar en qué consiste la ensalada de palabras y que puedas detectarla si te ves en una situación similar. Este autor, en el capítulo 45 de *Trastornos del pensamiento y del lenguaje*, define la ensalada de palabras como:

> La aparición de conexiones incoherentes o incomprensibles de palabras, que no responden a ninguna regla gramatical, y sin significado aparente. Las palabras de una oración apenas guardan coherencia unas con otras. Es propia también de algunos pacientes con esquizofrenia. A pesar de su espectacularidad, puede aparecer en pacientes con pocas alteraciones en el resto de las funciones psíquicas. También se ha llamado por algunos autores esquizoafasia.

---

5. Narcisistas, codependientes e inteligencia emocional (s. f.). *La ensalada de palabras*. Recuperado de https://narcisistascodependienteseinteligenciaemocional.com/ 2018/02/07/ensalada-palabras/

6. Pifarré, J. (2015). *Trastornos del pensamiento y del lenguaje.* En J. Vallejo (coord.), *Introducción a la psicopatología y la psiquiatría* (8ª ed.). Barcelona: Elsevier Masson. Recuperado de https://www.pir.es/impugnaciones2018/pregunta77/cap45%20Trast%20PENSAMIENTO%20y%20LENGUAJE.pdf

En la web Narcisistas, codependientes e inteligencia emocional[7] lo describen muy bien:

> Se trata de conversaciones circulares: no llegas a ningún punto en concreto, la misma idea se repite una y otra vez. La persona solo quiere convencerte de alguna fechoría y repite el concepto hasta que te cansa y le das la razón.

También trae a colación tus errores pasados e ignora los propios. Por ejemplo, si alguna vez le has contado algo comprometido, ten por seguro que en estas batallas lingüísticas lo sacará para desarmarte. Esto se mezclará con la proyección, te culpará de cosas que haya hecho.

Según mi experiencia, resalto un punto: la invalidación de tus sentimientos. En ese maremágnum de palabras y emociones en el que te ves envuelta, tus sensaciones y pensamientos no sirven de nada, se pasan por alto y carecen de valor; lo único que quiere es derribarte. Al final, llega un momento en el que ya no quieres seguir discutiendo y cedes, no puedes más. Marie-France Hirigoyen, psiquiatra y psicoanalista francesa, en su libro *El acoso moral: El maltrato psicológico en la vida cotidiana,* también habla del lenguaje:

> El dominio se establece a partir de procesos que dan la impresión de ser comunicativos, pero cuya particular comunicación no conduce a la unión, sino al alejamiento y a la imposibilidad de intercambio. La comunicación se deforma con objeto de utilizar al otro.
>
> Para que siga sin comprender nada del proceso que se ha iniciado y para confundirlo todavía más, hay que manipularlo verbalmente. Arrojar confusión sobre

7. Narcisistas, codependientes e inteligencia emocional (s. f.), *op. cit.*

> las informaciones reales es esencial cuando hay que lograr que la víctima se vuelva impotente.
>
> La violencia, aun cuando se oculte, se ahogue y no llegue a ser verbal, transpira a través de las insinuaciones, las reticencias y lo que se silencia. Por eso se puede convertir en un generador de angustia. Ya lo hemos dicho: el perverso no practica la comunicación directa porque con los objetos no se habla[8].

Eres un objeto, es duro leerlo. Tuve esa sensación muchas veces. Era como si se hubiese comprado un bolso, y ese bolso fuera yo; claro, con los bolsos no se habla. En los restaurantes, pasaba lo siguiente: salíamos a algún sitio bonito que muy probablemente había buscado yo e iba contenta, pero, al llegar, Él empezaba a ignorarme.

Al principio de conocernos, todo eran atenciones, incluso me daba de comer y siempre estaba muy pendiente de mí, como ya he dicho, pero después eso cambió. Incluso tenía que pedirle que me mirara para hablar, aunque Él mantenía la vista fija en el móvil o en la pantalla de la televisión, fingiendo que le gustaba el fútbol.

—¿Me puedes mirar?

—No, no hace falta que te mire mientras me hablas.

Y se hacía el silencio. Aquello me destruía. Aunque, siendo sincera, pensándolo ahora, era mejor el silencio que su diarrea verbal.

Sin conciencia: El inquietante mundo de los psicópatas que nos rodean, de Robert D. Hare, es un libro necesario para entender todo este trastorno. Dedica un capítulo entero a lo que me estoy refiriendo ahora, «Palabras extrañas pero convincentes»:

---

8. Hirigoyen, M. F. (1999), *op. cit.*

Existe nueva evidencia experimental que sugiere que el procesamiento bilateral del lenguaje es una característica propia de los psicópatas. Esto me lleva a especular que parte de la tendencia de los psicópatas a hacer afirmaciones contradictorias está relacionada con esa ineficiente jerarquía de autoridad, cada hemisferio trata de dirigir la función, y al final, el habla no está bien integrada ni bien controlada.

[...] La mayoría de la gente que ha trabajado con psicópatas tiene la intuición de cuál es esa diferencia de la que hablamos: «Siempre me estaba diciendo cuánto me quería y al principio lo creí, incluso después de que le pillase tonteando con mi hermana –decía la esposa burlada de uno de nuestros sujetos psicópatas–. Tardé mucho tiempo en darme cuenta de que no le importaba en absoluto. Siempre que me pegaba decía después: "Lo siento de verdad, cariño. Sabes que te quiero"»[9].

9. Hare, R. D. (1993). *Sin conciencia: El inquietante mundo de los psicópatas que nos rodean*. Barcelona: Paidós.

VÍNCULO TRAUMÁTICO

Este último ejemplo que da Rober D. Hare es demoledor. Si has tenido una relación con un perverso narcisista, seguro que estás pensando «esto lo he vivido», pero, si no has experimentado nada similar, te preguntarás por qué no salí corriendo. Lo mismo me he dicho yo millones de veces. Esa noche tuve la oportunidad de salvarme y no pude hacerlo. Aunque algunos amigos me han cuestionado esto, ahora te explicaré el porqué.

En una entrevista realizada al doctor Iñaki Piñuel en el periódico *El Mundo* leemos sobre este proceso psicológico:

> La duda que surge ante estos casos y también los de violencia machista es ¿cómo es posible que las víctimas aguanten años y años con sus maltratadores?
>
> Los psicópatas inducen en sus víctimas al mismo tiempo una gran destrucción y un potentísimo vínculo de dependencia que denomino apego al perpetrador. El apego al perpetrador es una reacción habitual al trauma de traición y al reforzamiento dual que practican

> los psicópatas que alternan la seducción, las promesas de cambio y de redención con las peores atrocidades y manipulaciones.
>
> La víctima queda adicta a un constante sufrimiento emocional que interpreta erróneamente como pasión amorosa y al subidón emocional que los altibajos psicopáticos le generan[10].

No lo podría definir mejor. Te haces adicta a esa montaña rusa de emociones, a mirar a una persona que crees que es genial, casi a construir tú misma la relación; ellos te dan migajas y tú cocinas el plato entero. Muchas veces yo misma excusaba todo lo que pasaba bajo la premisa «Es genial; si no fuera por esas tonterías que tiene, sería genial».

10. Moreno, S. (23 de junio de 2020). *El psicópata integrado vacía a su víctima sin tocarle un pelo*. El Mundo. Recuperado de https://www.elmundo.es/papel/2020/06/23/5ef088fafdddff36a78b464a.html

LA DEVALUACIÓN

No es tan sencillo salir corriendo. Por un lado, crees que has encontrado a tu alma gemela, a esa persona a la que llevabas tiempo buscando, pero, por otro lado, ves que hay una pieza que no encaja e intentas por todos los medios acabar el puzle.

Él era para mí esa persona con la que había soñado siempre, un chico muy atractivo, ojos verdes, un trabajo genial, aficiones bonitas, un plan de futuro similar al mío, valores parecidos... ¿Por qué no podía ser para mí? ¿Por qué no podía hacerse realidad mi sueño?

Al día siguiente de esa noche oscura del alma en la que intentó confundirme con el libro y con el Todo, me marché a casa llena de dudas y pensando que aquello en el fondo no era lo que yo necesitaba. Llegué a mi piso y no hablé con Él en toda la mañana. Al salir del trabajo, le escribí para decirle que no estaba muy conforme con la situación. No esperaba que me hiciera mucho caso, pero cuál fue mi sorpresa cuando, de pronto, quiso hablar conmigo por videollamada. A la vez que tenía muchas dudas sobre la relación, sentía que debía darle otra oportunidad y quería reconciliarme.

Así que lo atendí, me sentí especial: en mitad de su atareado trabajo había hecho un hueco para disculparse, pensé. Sin embargo, la conversación no fue una disculpa; un perverso narcisista nunca va a pedir perdón, ellos no creen que hagan nada mal. Pero claro, me había llamado, y eso para mí significaba un clavo al que agarrarse y así pensar que todo podía mejorar.

Ese día les confesé a mis amigas qué estaba pasando, la noche tan horrorosa que había tenido, lo de la cuenta de Twitter con contenido sexual y más cosas... Ellas se asustaron muchísimo e intentaron que lo dejara, pero yo ya era una presa difícil de soltar y lo único que hice fue alejarme de ellas. A partir de ese momento, empecé a vivir toda esta pesadilla casi en silencio.

De vez en cuando, comentaba algún episodio con alguien. Recuerdo una tarde mientras paseaba por la montaña con una amiga a la que le contaba que Él era algo reservado, no me quería añadir a sus redes sociales. Esto es muy característico de estas personas: no quieren agregarte a sus redes para que nadie sepa que tienen pareja y así seguir haciendo lo que les convenga. En la conversación con mi amiga, yo me intentaba convencer de que debía dejar de ser controladora. Poco a poco, renuncié a contar mis cosas, prefería que nadie opinara sobre mi vida y no quería reconocer que la persona que tenía al lado no era quien yo creía que era.

A pesar de los malos momentos, también disfrutábamos de buenos ratos. Cuando iba a su casa aprovechábamos para pasear por la playa, ir al cine o disfrutar de cenas a la orilla del mar. No todo era horroroso durante todo el tiempo; de ser así, su juego hubiera sido inaguantable.

Al principio de conocernos, le llevaba bizcochos hechos por mí. Esto le encantaba, lo hacía muy feliz, y más feliz me ponía de yo saber que le gustaba lo que cocinaba, pero al tiempo me dijo que se estaba empezando a sentir mal y que probablemente se debiera a los bizcochos. Primero, me sugirió que cambiara de ingredientes hasta que una noche casi me dio órdenes, me exigió de una manera muy extraña que los sustituyera por otros.

Sus reclamos empezaban a sucederse por cualquier cosa y se notaba que nacían del odio más profundo de su ser hacia cualquier cosa que viniera de mí. Quien ha estado con alguna de estas personas ya sabe que a veces se sueltan las gomas de la máscara y no pueden evitar echar ese veneno que los invade y que intentan ocultar a toda costa.

Otras veces, cuando llegaba a su casa, tenía películas eróticas puestas en la televisión; se sabía todo el catálogo de múltiples plataformas. Una noche, estaba viendo la película *Diario de una ninfómana*, basada en una novela autobiográfica de Valérie Tasso en la que narra sus andaduras sexuales.

Me resultó extraño que tuviera puesta esa película; a todos nos gusta el sexo, no hay problema en eso, pero, como siempre, en su conducta había un tinte extraño de perversión.

—Ya la he visto –le dije–. De hecho, he entrevistado a Valérie Tasso, autora y protagonista de la historia.

A cualquiera interesado en el cine le hubiera fascinado lo que le pudiese contar; a Él no, no le interesaba el cine.

Era curiosa la obsesión por el sexo y por el porno, aunque sus artes amatorias se iban revelando cada vez más básicas. Una mañana se lo comenté:

—Para ver tanto porno, estás un poco limitado.

Esa fue de las pocas licencias que me permití.

Un día, tras habernos acostado, le llevé la mano a mis genitales para que notara cómo se habían hinchado de placer. Quitó la mano y me dijo:

—Los chochos son para follar y para parir.

Me tildaba de *dominatrix* y decía que me gustaba someter a los hombres; ese era su concepto de que una mujer se subiera encima en los encuentros sexuales. Sin embargo, en los momentos de devaluación, se encargaba de explicarme con todo lujo de detalles lo mucho que había hecho disfrutar a otras mujeres de su catálogo de redes sociales de ligue.

¿Qué es la devaluación? Cuando esa persona ya te ha atrapado, ha pasado la fase del bombardeo de amor y te ha subido a lo más alto, debe dejarte caer, empezar a hacerte saber que ya no le importas y que vas a tener que trabajar más duro para seguir en el pedestal en el que te había puesto.

La psicóloga Pilar Guerra define la devaluación[11] como:

> «Cuidado con decirle que lo quieres. Puede que entonces deje de tener interés por ti», advierte el instinto de la pareja cuando ya un día la persona con trastorno narcisista de la personalidad consigue sentirse amada. Pero al no hacer caso al instinto y decirle «te quiero», el cambio es radical. Ya está en sus redes. Es la denominada fase de devaluación, una manera de ningunear, de despreciar, de cosificar al otro, de no darle valor como persona. Su trastorno narcisista le impide valorar el amor fluido. No se quiere a sí mismo, no puede querer a otro.

11. Guerra, P. (28 de enero de 2021). *¿Estás saliendo con un narcisista? Las seis pistas que te ayudan a detectarlo*. La Razón. Recuperado de https://www.larazon.es/lifestyle/20210128/4ovukytjhjestjgyg4zaupwz6q.html

Aquí también podríamos hablar del síndrome de la rana hervida. La psicóloga Lidia Alvarado[12] lo describe muy bien:

> Actúas bajo el síndrome de la rana hervida cuando te adaptas consciente o inconscientemente a situaciones, personas y circunstancias que te resultan perjudiciales para tu bienestar mental, emocional o físico. Y entonces no te quejas, te adaptas a lo que sea, no discutes y te lo callas todo, y sin darte cuenta mantienes una relación desigual, infeliz o abusiva durante mucho tiempo.

---

12. Alvarado, L. (s. f.). *¿Sufres el síndrome de la rana hervida con tu pareja? Las seis pistas que te ayudan a detectarlo*. Recuperado de https://lidiaalvarado.com/sufres-el-sindrome-de-la-rana-hervida-con-tu-pareja#respond

EL ODIO

La fase de odio aparece con toda claridad cuando la víctima reacciona e intenta recuperar un poco de libertad. A pesar de la ambigüedad del contexto, trata de establecer unos límites. Algo le hace pensar «¡hasta aquí hemos llegado!», ya sea porque un elemento exterior le ha permitido tomar conciencia de su servidumbre, lo que generalmente sucede cuando ve que su agresor se ensaña con otra persona, ya sea porque el perverso ha encontrado a una nueva víctima potencial e intenta obligar a la precedente a marcharse acentuando su violencia.

Cuando el perverso descubre que su víctima se le está escapando, tiene una sensación de pánico y de furor. En ese momento, él mismo se desata. Cuando la víctima es capaz de expresar lo que siente, hay que hacerla callar. Se produce entonces una fase de odio en estado puro extremadamente violenta[13].

13. Hirigoyen, M. F. (1999), *op. cit.*

En la web Huye de tu Narcisista se explica muy bien:

> Es la fase más agresiva, podríamos decir que es la relación en sí; al fin y al cabo, lo que le interesa al narcisista es tener una presa útil, engancharla cuanto antes y deshacerse de ella cuando ya no le sea útil. [...] En esta fase te aplicará los diferentes tipos de manipulación, sometimiento y maltrato psicológico. Los más habituales y crueles que emplean los narcisistas son la luz de gas y el tratamiento silencioso[14].

14. Huye de tu Narcisista (2020). *El ciclo narcisista*. Recuperado de: https://huyedetunarcisista.com/el-ciclo-narcisista/

LA CRÍTICA NARCISISTA

Acompáñame ahora de viaje hasta un precioso lugar de playa y montaña. Una de las cosas que Él odiaba era gestionar asuntos: papeleos, compras y, por supuesto, viajes. La organización de las salidas recaía en mí. Un compañero de trabajo le habló de un sitio pintoresco y muy concurrido, así que moví todos los hilos posibles para ir un día concreto que los dos teníamos libre, lo cual no fue sencillo: era muy difícil conseguir entradas.

Yo estaba contenta por haber podido organizar todo aquello; quería hacerlo feliz y que disfrutáramos de un fin de semana bonito. Él también estaba contento, le hacía muchísima ilusión ir a aquel lugar y parecía estar orgulloso de que yo hubiera encontrado entradas tan rápido sabiendo lo difícil que era. Me consta que les dijo a sus compañeros de trabajo que le fascinaba mi manera de conseguir las cosas que me proponía. Saber eso me halagaba.

Le pasé varias opciones de hospedaje para nuestra estancia y Él eligió una. Llegamos a la localidad y empezamos a pasear. Estábamos bien, serenos y con ganas de disfrutar, al menos al principio. Él solía agradecer mucho las cosas que yo hacía, tenía mucha labia para hacerme saber que lo estaba haciendo bien: «Chiquita linda, chiquita bonita, qué bien se te da organizar, cuánto te quiero», me decía, y yo me contentaba con aquello.

Sin embargo, conforme fueron transcurriendo las horas, se fue poniendo incómodo, empezó a ignorarme porque estaba viendo en su móvil un evento deportivo. Era una sensación terrible. Si te ha sucedido esto que estás leyendo, sé lo que has sentido al saber que tu pareja te silencia: dejas de existir, pasas a otro plano, no le interesas y te lo hace saber.

Recuerdo estar cenando en una plaza preciosa mientras Él jugaba con el móvil, haciéndome sentir que yo no era nadie. Ahí estaba yo, mezclando los «te quiero» y el silencio con la misma sensación extraña de vacío que me acompañaba siempre. El domingo fuimos a hacer la visita al sitio al que Él quería ir, dos horas de paseo entre piedras al que fui por darle el gusto, sin más. Al acabar la visita me regaló un montón de recuerdos; en aquel momento me hizo ilusión. Tengo fotos de ese día y parecíamos felices, yo quería que fuéramos felices.

Después, nos fuimos a comer a un sitio bonito; lo cierto es que siempre íbamos a lugares exclusivos y caros. A Él le gustaba comer bien y a mí también. Él se cuidaba mucho, tenía muy buen cuerpo, se pasaba horas en el gimnasio y seguía unas pautas alimentarias muy estrictas. A mí me gustaba que se trabajara tanto.

Lo malo empezó cuando todo eso se convirtió en una obsesión y no podía entrar en casa un producto que no tuviera un buen procesado y cosas similares.

Una vez compré un batido de chocolate y me miró con asco. Llega un punto en el que no sabes si odia las cosas o te odia a ti. Me bebía el dichoso batido de chocolate casi con culpa, y así con todo lo que no cumplía los rigurosos estándares de su universo paralelo.

También me hablaba de cómo su ex «se hinchaba a lácteos» y después se encontraba mal, y eso le molestaba. Me hacía sentir incómoda si bebía alcohol. Una de las últimas noches que salimos, fuimos a un restaurante; Él se tomó un refresco y yo una cerveza. Al llegar a casa, nos besamos y me dijo:

—Hueles a alcohol.

Se me heló el corazón. Seguramente sí, olía a alcohol, a una cerveza, pero hay maneras y maneras de decirlo.

Al principio, me gustaba pedir una botella para los dos cuando íbamos por ahí. Me parecía bonito compartir con Él una botella de cava, me hacía muy feliz y, al inicio de conocernos, Él también parecía disfrutar. Después, poco a poco dejó de acompañarme: solo pedía agua con gas. Empecé a pedir una copa para mí, y me sentía mal por ello: me rondaba por la cabeza la idea de que era alcohólica cuando no era así.

Una tarde, al acabar unas tareas desde su casa, me llené de mí misma y abrí una lata de mejillones en escabeche, alimento que también demonizaba, y un quinto de cerveza. Me sublimé por unos minutos. Fue un momento bonito pero triste a la vez, algo así como recordarme quién era. Había dejado de ser yo.

En cuanto a estas anécdotas, aunque sean sucesos puntuales, siempre hay una constante y, como todo lo que cuento, tiene una traducción en el idioma narcisista: la crítica del narcisista o, como también se llama, el gota a gota:

> Tus defensas emocionales se desmontan, la persona queda con la autoestima dañada, comienza a dudar de sí misma, tiene en la cabeza una voz maligna llena de críticas, queda vampirizada, un continuo ataque sutil y encubierto, disfrazado de elogios, combinado, para

mayor confusión de la víctima, con momentos de respiro[15].

La ropa, la estética y el físico también suelen ser puntos importantes en toda esta técnica destructiva.

Él fue cuidadoso en eso. Nunca hacía malos comentarios sobre mi ropa; de hecho, solía decir que le gustaba como vestía, que tenía mi propia personalidad y que no caía en convencionalismos. Ya hacia el final de la relación la situación fue cambiando: empezó a opinar justo lo contrario. Él insinuaba que me arreglaba porque me importaba lo que la sociedad dijera y que siempre me vestía con ropas cortas o demasiado juveniles. Seguramente, si estás viviendo con un narcisista, sea habitual que lapide tu forma de vestir o tu aspecto. Intentan destruir todo lo que eres, sin más.

Toda esta crítica te llevará a buscar siempre la aprobación, empezarás a preguntarte y a preguntarle si haces las cosas bien, si están a su gusto, si podrían estar mejor, si tú podrías estar mejor. Empiezas a dudar de tus pasos, de tus elecciones, y a dejarte fagocitar por el ser que tienes al lado. Un tirano sin límite.

Durante ese tiempo, siempre tenía una sensación de cansancio extremo, nunca era suficiente, yo vivía en un «ay» constante, en un «casi pero no», en un «dame más de ti», y nunca tenía nada. Si lo estás experimentando, sabes a lo que me refiero.

Te levantas con cansancio, no te concentras, te cuesta mantener la atención, siempre está esa otra persona en tu cabeza, pidiendo, llorando como un niño abandonado. Sin embargo, llega un día en el que no puedes más. Llegará.

15. Libres del Narcisista (2020). *La crítica del narcisista: El gota a gota* [vídeo]. YouTube. Recuperado de https://www.youtube.com/watch?v=lPBNvLyBSTQ

TRIANGULACIÓN

Durante un tiempo, gracias a un amigo, estuve impartiendo cursos en un organismo público, lo cual requería mucha preparación y mucha atención por mi parte. Durante tres horas, debía explicar bien los contenidos y atender a los alumnos. Todo iba bien, yo estaba contenta. Trabajaba de periodista cultural en una radio, algo que me apasionaba, y daba clases por primera vez, lo que me suponía un reto. Una mañana, como me tenía que marchar de la radio para acudir a una de esas formaciones, llegué pronto al estudio.

Después de acabar de gestionar las cosas del programa, me puse a charlar con mi compañera de trabajo. Me recuerdo apoyada en el marco de la puerta, hablando con ella sobre el día y lo que iba a hacer. Le decía que ya me marchaba cuando recibí un mensaje de Él; me resultó extraño:

—Cariño, tu amiga me ha encontrado en Facebook Parejas.

Como ya imaginarás, Facebook Parejas es una aplicación que pone en contacto a usuarios con el fin de ligar. Por aquel entonces, hacía una semana que se había estrenado. Sus palabras me dieron vueltas en la cabeza unos minutos.

—Lo siento, no te estoy escuchando –le dije a mi compañera–. Hablamos luego.

¿Por qué se había activado la aplicación de ligue si todo iba bien? ¿Por qué estaba intentando hablar con una amiga mía a la que Él conoce? «Tu amiga me ha encontrado». «Me ha encontrado». Así se define un narcisista perverso.

—Cariñito, tengo la aplicación hace un mes, es por curiosidad.

—No, hace una semana que está activa, no puedes tenerla desde hace un mes.

Justo la semana anterior habíamos dado la noticia en la radio de la puesta en marcha de la nueva *app* de Facebook.

—¿Te ha encontrado? –le pregunté.

—Sí. Me habló ella y me dijo que, si no te decía yo que estaba en la aplicación, te lo iba a contar ella. Y te lo he dicho, soy sincero.

Hay narcisistas sinceros, brutalmente sinceros; así jamás podrás recriminarles que hayan mentido, pero, claro, las verdades que oyes no son las que te gustaría. Aunque sean muy mentirosos en general, este en particular disfrutaba diciendo su verdad, una siniestra verdad en muchas ocasiones.

Llamé a mi amiga, me explicó qué había sucedido y seguí mi camino. Allí estaba yo, a punto de enfrentarme a una exposición de tres horas sobre atención al cliente en redes sociales en el ayuntamiento de una ciudad mientras lidiaba con una situación absurda e hiriente.

Después, Él y yo hablamos por teléfono, pero no hubo ninguna explicación lógica para que tuviera un perfil en esa *app*; solo quería curiosear. Nunca debí aceptar aquella situación. Jamás. Decidí centrarme, comerme un bocadillo, pegarle un trago a la botella de agua y empezar la clase.

¿Qué es la triangulación? La periodista Edith Sánchez define muy bien el concepto en su artículo *La triangulación narcisista: poner a un tercero en contra* como:

> El juego psicológico tóxico en el que hay tres partes involucradas. Dos de ellas están en conflicto y un tercero es convocado para apoyar a una de las partes. Se trata de una forma neurótica e infantil de manejar un conflicto[16].

En una primera lectura, podríamos pensar que se trata de una simple infidelidad.

Me permitirás lo de simple porque, si estás en una triangulación, sabrás que en nada se parece esto a una infidelidad, pues no sigue los mismos patrones; de hecho, no es necesario que tenga tintes sexuales ni románticos, sino que este proceso puede darse con tus padres, tus hijos, un objeto…, con cualquier cosa con la que se te pueda desestabilizar: ese es el objetivo.

El hecho de que Él siguiera teniendo sus aplicaciones de ligue permitía esas triangulaciones. La explicación: «Tenía curiosidad». La verdadera razón: voy a ir abriendo puertas a la nada para que nunca estés segura de lo que siento, de lo que sientes.

Ante la triangulación, se pueden hacer varias cosas.

Si es la primera vez, te llenarás de rabia, de ira y de incomprensión; después, cuando entiendas qué pasa, alguna vez harás como yo y como mucha gente y cerrarás los ojos. Pero no creas que cerrando los ojos las triangulaciones cesarán: en absoluto, buscará una nueva y más clara con la que seguir llevándote al límite. Si no reaccionas, cambiará de objeto con el que molestarte. Si reaccionas, si te enfadas,

16. Sánchez, E. (2022). *La triangulación narcisista: Poner a un tercero en contra.* La mente es maravillosa. Recuperado de https://lamenteesmaravillosa.com/la-triangulacion-narcisista-poner-a-un-tercero-en-contra/

lo estarás alimentando, rellenando su ego de tu dolor, y seguirá por ese camino.

Esas son las dos opciones. Una tercera es salir corriendo. Si estás en un vínculo con un narcisista, reconocerás de qué estoy hablando y lo doloroso que es todo esto, sentirás que nunca tiene fin y te preguntarás por qué. En su momento, quise saber si yo no lo llenaba y por eso hacía ese tipo de cosas.

—Sí, sí me llenas. Lo he estado pensando y me llenas. Voy a cerrar las aplicaciones.

—Piénsalo, estamos a tiempo de dejarlo. Ya te dije que yo no estaba interesada en una relación abierta. Y sí, ciérralas cuanto antes.

Nunca lo hizo, solo borró los accesos de su móvil. Lo comprobé yo misma.

¿Por qué?, te preguntarás. ¿Por qué?, me preguntaba yo misma.

Según Silvia Rodríguez, psicóloga, es por estos motivos:

> Provocar de manera indirecta y sutil que lo idealices, potenciar la imagen que tanto le gusta de sí mismo de ser importante y de tener admiradores, así como de ser deseado por los demás a cualquier nivel, no solo el sentimental, y otorgarle más suministro para inflar su ego[17].

Ahora ya sabes por qué te está haciendo eso. Estará hablando siempre de alguien del trabajo, del gimnasio, etc. Hay múltiples posibilidades, incluso inventadas.

Yo fui cerrando los ojos, esquivando balas, haciendo como que no entraba en el juego, aunque sabía lo que estaba pasando y que en algún punto iba a ceder.

---

17. Rodríguez, S. (2019). *La triangulación de los narcisistas.* Recuperado de https://www.silviarodriguez.es/triangulacion-psicopata-narcisista/

A veces, esa persona con la que te triangula ni siquiera existe y, si es real, ella no le hace el menor caso, sino que todo está en su cabeza.

El narcisista solo busca abrir una falla en tu mente, como el niño pequeño que reclama atención. Sé que es difícil decirlo, pero no sufras, no sientas celos; aunque no lo creas, no es nada personal. No es por ti, solo quiere alimento, y esta es una manera fácil y rápida de explotarte, de destruir tu autoestima para inflar la suya.

EL AFÁN POR DESTROZAR MOMENTOS IMPORTANTES

Cumpleaños, Navidad, fiestas de clase, despedidas, bienvenidas..., cualquier cosa que implique alegría, diversión y cariño en conjunto la va a arruinar y destruir por sistema. No le des más vueltas. Te encontrarás en muchas situaciones alegres con una sensación de pesadez increíble. Al principio, no entenderás por qué y empezarán a pasar cosas: malas caras, peores palabras, dejarás de ir a sitios por no enfrentarte a tu pareja.

La vida está llena de ocasiones preciosas, celebraciones, bienvenidas, finales de carrera, días de playa, vacaciones... que te gustaría compartir con tu familia y con tu pareja. Cuando empiezas a salir con alguien, siempre piensas en la celebración de tu próximo cumpleaños o en la presentación a la familia, días bonitos y señalados. A mí me encanta celebrar la vida. No hay día que no se brinde en casa por algo, por estar juntos, y este afán por la vida se lo intentaba trasladar a Él. Al principio parecía que también estaba interesado en formar parte de una vida activa y jocosa: le gustaba participar en mis planes, me acompañaba gustoso, intentaba encajar, pero poco a poco, justo en los días señalados, vi que no, que solo era una treta más para parecer algo que no era.

Si estás en una relación con un perverso narcisista, al final no sabrás cómo, pero empezarás a odiar las fechas señaladas. Puede que hagas como si nada en un primer momento, pero, después, cuando veas en el calendario que se van acercando los días, tendrás temor. En pocos meses que estuvimos juntos, me hizo temer los momentos importantes; ni siquiera respetó su propio cumpleaños. Su único objetivo era destrozar, destrozar, destrozar. Más adelante os explicaré algún hecho concreto y os resonará.

ALEJARTE DE TU ENTORNO

Como siempre digo, si estás pasando por esto, piensa en qué es importante para ti, qué pasaría si dejaras que esta persona acabara con todo lo que te interesa, qué pasaría si perdieras tu trabajo, tus aficiones. Ten en cuenta que lo va a intentar, de muchas formas y con mucha fuerza, pero debes recordar cuál es tu esencia y quién eres tú y aferrarte a lo que te gusta, a tu profesión y a lo que en algún momento de tu vida te hizo feliz.

Para mi fortuna, tenía y tengo un entorno muy bonito, familia, amigos y compañeros que me estiman muchísimo. Eso es fabuloso. Desde el primer momento intenté que Él se integrara y, como ya he comentado, al principio parecía interesarle formar parte de mi vida: quería conocer a mis amigos, se interesaba por mi empleo y le parecía bonito que tuviera una familia tan cercana. Él era de otro país y, en cierto modo, le reconfortaba poder formar parte de una estructura familiar y amistosa sólida, poder ser uno más y contar con los míos, que serían los suyos. Lo llevaba siempre con mucha alegría a conocer a mis amigos y al principio todo salía bien. Les caía bien, Él se mostraba atento, participativo y chistoso, era atractivo y gracioso y sabía cómo gustar. Pero poco a poco fue quitándose la máscara y siempre acababa pasando algo desagradable cuando salíamos con más personas.

¿Recuerdas cuando Él contactó con mi amiga por la aplicación de Facebook? En ese momento, la relación con ella cambió muchísimo aunque siguiéramos hablando. Yo ya no podía ir con Él a los eventos de mis amigas, entre las que estaba ella. Solo me invitaban a mí, lo cual era comprensible.

Más tarde me alejé de ellas. Ese suceso hizo que me diera una vergüenza brutal y que me apartara. Por más que intentara encajar las piezas del puzle, era imposible, la realidad era aplastante.

Eso nunca debió pasar. Hay cosas que destruyen de una vez tus valores, y aquello lo hizo. Aún no sé si lo hizo para herirme o en realidad no se dio cuenta de que era ella, pero me derrotó, me derrumbé. Si en aquel momento quedaba un resquicio de confianza, lo que ocurrió me confirmó que no íbamos a ningún sitio.

Lejos de pedirme perdón por lo que pasó con Facebook Parejas, Él hizo como siempre, fingir que no pasaba nada y seguir hacia delante, pero a veces las piedras en el camino son muy grandes, y esa lo era. La noche que lo dejé se lo escribí: «Nunca debí haber permitido aquello».

Como esta situación vendrían más, acciones que provocarían que perdiera a amigos que a día de hoy no he recuperado. Es un clásico, un tributo que hay que pagar por estar con un perverso narcisista.

Si estás en una relación con una persona de este tipo, te habrás dado cuenta de que hay gente con la que ya no te hablas por diferentes motivos. Puede ser que no soporten a tu pareja o que tu pareja no las quiera ver. También te encontrarás arreglando malentendidos, expresiones que tu pareja haya soltado delante de tus amigos, malos modos… *et voilà*, la gente irá desapareciendo, tú irás desapareciendo, desdibujándote y diluyéndote. Dejarás de ser tú.

LUZ DE GAS O *GASLIGHTING*

Él no tenía muchos amigos. Esto puede ser un signo característico. Una antigua compañera de oficina, hablando sobre relaciones, me dijo: «Conoce primero su entorno», y qué razón tenía. No tener amigos significa algo; también el tener muchos, ojo. En este caso, Él solo tenía compañeros del gimnasio; los del trabajo lo rehuían.

—Cariño, voy a tu casa. ¿Necesitas algo del súper? ¿Quieres que te lleve sidra de la que te gusta?

Aquella noche recuerdo que yo estaba muy feliz. Me ponía contenta acabar mi jornada e irme a su casa. Aunque tuviéramos situaciones complicadas, siempre pensaba que tendrían solución y que poco a poco iríamos encajando. Cuando pasaban los momentos extraños, siempre era yo la que dudaba de todo, hasta de seguir. Él nunca quiso dejar la relación, siempre encontraba explicación a todo y la manera de que siguiéramos adelante. Aquello me confundía y me hacía pensar que sí, que podríamos seguir.

—No, tengo cerveza y sidra.

—¿Cerveza y sidra?

Él nunca compraba sidra para su casa, y menos aún cerveza, casi no bebía alcohol. Me extrañó eso. Nunca me explicó de dónde habían salido aquellas dos latas. Fui todo el camino contrariada. ¿Se las habría llevado alguien? ¿Quién?

Después, averigüé más o menos quién podía haber sido la que le había comprado la sidra: una amiga suya, pues tiempo después le organicé una fiesta con sus amigos y una chica llegó con una botella de sidra.

Él había preparado la mesa para la cena con mucho detalle: los mantelitos, las copas, unas velas, la estancia a media luz, música de fondo...

Mientras estábamos cenando, me fijé en el mantel.

—Vaya... ¿Y ese pelo?

—No lo sé, habrá sido el aire.

—¿El aire?

Cuando terminamos de cenar, me levanté y me fui al cuarto de baño a lavarme las manos. Para mi sorpresa, había recogido todas mis cosas de su casa. Yo había dejado una toalla de tocador, un desodorante y un cepillo de dientes. Ni rastro. Pensé por unos segundos que había lavado la toalla y por eso ya no estaba allí.

¡Siempre nuestro cerebro poniendo excusas de lo más variopintas! No, la toalla no se estaba lavando, simplemente lo había recogido todo. Enseguida empecé a atar cabos. Las latas de bebida, el pelo, mis cosas escondidas... Alguien había ido a su casa.

En nuestra última conversación al romper, cuando ya no le tenía miedo, le espeté:

—¿Quién fue aquella noche a tu casa?

—Hice una orgía –me dijo.

Salí del baño muy contrariada y le pregunté por mis cosas. Me explicó con una cara muy extraña que era muy ordenado y que cada vez que yo me marchaba de su casa lo recogía todo. Eso era falso: fue la única vez que lo hizo.

—¿Estás quedando con otras chicas? –quise saber–. Si es así, dímelo. Ya lo hemos hablado y no estoy interesada en una pareja abierta, no tengo necesidad. Todo esto es muy extraño y tengo la sensación de que ayer trajiste a alguien a tu casa.

En ese momento, le dio la vuelta a la situación.

Hasta ahora, no te he hablado de una de las técnicas fundamentales a las que recurre este tipo de persona: la luz de gas o *gaslighting*. El término proviene del título de una película de 1944 dirigida por George Cukor basada en la obra de teatro de Patrick Hamilton, estrenada en 1938, en la que el marido de la protagonista cambia cosas de sitio, altera el espacio y modifica la realidad con el objetivo de confundir a la víctima.

La psicóloga Laura Fuster Sebastián define muy bien en qué consiste en el artículo *Gaslighting, la forma de abuso que te hace creer que vives otra realidad*: «Quien manipula a través de estrategias como negar algo que ocurrió siembra la duda en la víctima»[18].

Sabes que algo raro está pasando, pero es posible que no tengas la certeza. Algo te dice que las cosas no están en su sitio, que alguien no te está diciendo la verdad. Todos tenemos un poderoso instinto, aunque quien te está manipulando va a intentar por todos los medios que acalles esa voz que te dice que algo no anda bien.

Así, empiezas a dudar de tu criterio y se abre un interrogante en tu interior. «¿Creo lo que me está diciendo?, igual desconfío mucho; venga, voy a dejarlo pasar». Sin embargo, en el fondo, no puedes

18. González, M. (27 de noviembre de 2020). *Gaslighting, la forma de abuso que te hace creer que vives otra realidad.* ABC. Recuperado de https://www.abc.es/bienestar/psicologia-sexo/psicologia/abci-gaslighting-forma-abuso-hace-creer-vives-otra-realidad-202011270117_noticia.html

dejarlo estar y cuando logres salir de esta situación, verás claras muchas cosas que han ocurrido y te preguntarás por qué dudaste de tu intuición. No volverás a dudar, no dejarás nunca más de creer en ti; te escucharás, te atenderás. Una lección poderosa: pon tu criterio por encima del de los demás.

En la revista digital *Psicología y Mente* encontramos un buen artículo de la psicóloga clínica Natalia Gurdián en el que se puede leer a fondo sobre la luz de gas. La psicóloga define el fenómeno como:

> Un patrón de abuso emocional en el que la víctima es manipulada para que llegue a dudar de su propia percepción, juicio o memoria. Esto hace que la persona se sienta ansiosa, confundida o incluso depresiva. Y añade, además, como posibles efectos de este abuso dudas sobre la capacidad para recordar bien, el propio raciocinio y relacionadas con la salud mental, así como una bajada del nivel de autoestima. Hay formas para recuperar la percepción y no caer en esta trampa, como confiar en tu intuición, no buscar la aprobación, recordar tu soberanía sobre los propios pensamientos, ser consciente de tus valores y mantener tus límites personales[19].

Cuando sientas que algo no está bien, probablemente sea así: hazte caso. Según nuestra crianza, aprendemos a dar más valor a lo que opinan y sienten los demás, pero, tras convivir con un narcisista perverso, aprenderás a valorar tus propios pensamientos y emociones.

Una de las cosas que suelen hacer bajo este fenómeno de la luz de gas es desdecirse o intentar que pienses que no han hecho cosas.

19. Gurdián, N. (s. f.). *Gaslighting: el abuso emocional más sutil. Una forma de manipulación utilizada para hacer que la víctima dude de su propio criterio.* Psicología y Mente. Recuperado de https://psicologiaymente.com/social/gaslighting

En mi caso, era curioso, porque lo intentaba hacer con comentarios que había realizado por WhatsApp, así que recuperaba las conversaciones y se las enseñaba o se las leía, pero, a pesar de eso, insistía. Si lo has experimentado o te está sucediendo en este momento, sabrás que es una situación frustrante y que te lleva al cansancio extremo. Yo vivía agotada, con una nube negra en la frente.

Es probable que te veas explicando a personas cercanas situaciones extrañas a las que no eres capaz de poner nombre. A la gente le costará entenderte, porque desde fuera es complejo comprender qué y por qué está pasando y, en el peor de los casos, excusarán lo que esté ocurriendo con que son cosas que ocurren en las parejas o con que son así.

Yo misma me he visto contando historias y viendo la cara de confusión de la otra persona, además de tener que oír justificaciones. Si estás en una relación con un perverso narcisista, intenta rodearte de gente sensata y sincera que pueda aportarte claridad. Aléjate de quienes disculpen acciones que no te parecen correctas.

La luz de gas es difícil de comprender y de explicar, por lo que, si llegas a tener que tramitar alguna denuncia o ir a juicio, puedes encontrarte con una total incomprensión. ¿Cómo demuestras que alguien está intentando confundirte hasta la locura? Bárbara Zorrilla, psicóloga, explica esto muy bien en un artículo del periódico *El País*:

> Seguimos sin identificar la violencia cuando no hay agresiones físicas, sin entender que los efectos del maltrato psicológico pueden llegar a ser devastadores e incluso irreversibles. En no pocas ocasiones, el propio entorno de la víctima no percibe que esta situación sea un maltrato.
>
> En general suele ser interpretado como problemas de pareja o altibajos. Un escenario que empuja a la mujer a encerrarse en sí misma, a no compartir la problemática e

incluso, en ocasiones, a convencerse de que, tal y como no dejan de repetirle, no está siendo víctima de un maltrato[20].

El 21 de marzo de 2021, se publicaba el documental *Rocío, contar la verdad para seguir viva*, en el que Rocío Carrasco, hija de la cantante Rocío Jurado, exponía ante el público su historia de malos tratos. Más allá de opiniones o del revuelo inicial que generó, hay que tomar perspectiva y analizar qué está sucediendo con el aumento de todos estos casos, de todas estas situaciones que llevan a destruir vidas para siempre.

En el artículo *Ahora que todas creemos a Rocío*, de *Pikara Magazine*, sobre el caso de Rocío Carrasco, Irantzu Varela deja una frase demoledora: «Reconozco esa mirada. Reconozco esa forma de llorar, esa tristeza que parece hueca. Esa forma extraña de estar viva, como si estuvieras muerta. Es la de las que no encontramos la forma de explicar que no era culpa nuestra»[21]. Si tú has vivido o estás sufriendo una situación similar, seguramente te estés sintiendo así, viva en apariencia pero muerta por dentro.

En mi caso, la discusión con Él sobre dónde estaban mis cosas y si había ido otra chica a su casa acabó en la nada, como todas. Según Él, yo era la insegura y celosa y, además, siempre terminaba dándole la vuelta a la situación y haciéndome pensar que lo que sucedía era típico de las parejas y que saldríamos adelante. Dos días después, cuando volví a su casa, tuvimos una jornada tranquila, de aquellas en las que yo pensaba que todo podría ir bien, y así fue. Los malos

---

20. Carretero, N. (23 de noviembre de 2017). *Luz de gas, el maltrato machista que nadie parece ver*. El País. Recuperado de Carretero, N. (23 de noviembre de 2017). «Luz de gas, el maltrato machista que nadie parece ver». *El País*. Recuperado de https://elpais.com/politica/2017/09/15/actualidad/1505472042_655999.html

21. Varela, I. (24 de marzo de 2021). *Ahora que todas creemos a Rocío*. Pikara Magazine. Recuperado de: https://www.pikaramagazine.com/2021/03/ahora-que-todas-creemos-a-rocio/

días se intercalaban con los buenos, salimos a pasear por su localidad, disfrutamos, reímos y estuvimos cenando en un sitio bonito. Muchos días eran así, tranquilos, y yo pensaba que sí, que esa era la parte real y que saldríamos adelante si lo intentábamos un poco más.

A la mañana siguiente, Él se fue a duchar y yo, no sé por qué, me puse a hacer la cama antes que de costumbre.

Al tirar de la sábana, apareció una goma de pelo, de plástico, rizada y de color crema, una goma que no era mía. Solté una carcajada. Me acerqué al cuarto de baño, abrí la cortina y se la enseñé.

—¿Y esto?

—¿Qué es?

—Una goma para el pelo; ha saltado de entre las sábanas.

—No sé, habrá aparecido.

—Sí, claro, ha aparecido...

Decidí no entrar en el tema, descendí un escalón más hacia la sumisión. Llegas a cansarte de batallar, pero lo cierto era que en muy poco tiempo había bajado un gran tramo de la escalera al infierno. La aplicación de ligue, la desaparición de mis cosas, la goma... eran demasiadas evidencias como para seguir cerrando los ojos.

A veces, fantaseaba pensando que encontraría una foto en la que viera a la chica con el coletero en la muñeca, y sucedió al tiempo, cuando acabó todo. Un día entré en Instagram y, tras indagar un poco, la encontré. Él estaba etiquetado en una publicación con una chica que llevaba la goma en la muñeca.

Después de este episodio, llegué al que era mi trabajo y le expliqué a mi compañera todo lo que me estaba pasando.

—Haz lo que quieras, pero así no puedes seguir –me dijo.

LOS SUEÑOS

Esa frase fue una bofetada. Tenía razón, no podía continuar con tantas dudas. Además, había soñado con una chica que Él había agregado no hacía mucho a sus redes sociales. A mí no me quería aceptar en ninguna, y a ella, de pronto, la tenía, lo cual me resultaba caótico, como todo. Le pregunté sobre la rubia nueva en sus redes.

—Una antigua amiga. Hacía dos años que no hablaba con ella y me ha añadido…

Me pareció curioso y todavía pienso que a esa mujer la había conocido en alguna aplicación unos días antes; no me enteraré nunca. Sea como fuere, soñé con ella, lo recuerdo a la perfección. Él y yo estábamos cenando y aparecía una chica que le entregaba un billete y, de repente, Él me decía que se marchaba a Sevilla a trabajar. Le conté el sueño tras preguntar por ella y me dijo que no me preocupara, que si se iba, nos iríamos los dos «a darnos besitos de amor». Me convenció de que no pasaba nada y de que, si en algún momento se tenía que marchar, yo le acompañaría, que era su pareja y quería estar conmigo. Aquello me daba seguridad y, en parte, hacía que las dudas se disiparan un poco.

Las ensoñaciones para mí fueron muy importantes. De alguna manera, cuando dormía, mi mente expulsaba cosas que yo no podía o no quería ver. Aquel sueño me puso bastante nerviosa, pues me estaba avisando de algo. No fue la primera vez que los sueños me sirvieron para plantearme cosas.

Lo cierto es que aquella noche recordé un artículo que había leído en *El País* sobre un chico que confesaba que había descubierto la infidelidad de su pareja porque lo había soñado, y esa explicación se quedó flotando en mi cabeza:

> Gonzalo (militar, 37 años): "Lo creas o no, descubrí que mi novia me engañaba porque lo soñé. Estaba un poco mosqueado y un día tuve un sueño muy real. Investigué un poco y lo descubrí. Me pillé un buen cabreo. Para evitar hacer una locura me fui al campo. Allí grité y lloré. Después, llamé a mi novia y le dije que no tenía sentido seguir"[22].

En realidad, no creo que Él me fuera físicamente infiel, pero siempre triangulaba con otras personas y, de alguna forma, sentí que la vida me avisaba a través de mensajes mientras dormía, aunque no fueran del todo ciertos. Tuve ganas de escribirle a aquella chica e indagar, pero después me preguntaba ¿para qué? Nada de lo que me cuente aportará luz a toda esta historia.

Muchas víctimas investigan a otras personas, hablan, preguntan, entran en pozos sin fondo de cuestiones que no llevan a ningún sitio más que a hacerse daño. Visto en conjunto, la duda lo quiebra todo y no hay explicación posible que vaya a cambiar nada, pero es comprensible querer encajar las piezas de un puzle al que le faltan partes. Otro de los sueños que tuve al principio también fue muy clarificador.

22. Landeira, L. (18 de enero de 2017). *Cómo descubrí que mi pareja me engañó y cómo reaccioné. 20 confesiones.* El País. Recuperado de https://elpais.com/elpais/2017/01/13/icon/1484330359_872072.html

Todavía me hace gracia haber soñado aquello. Él se cuidaba mucho, pero no se vestía demasiado bien. De hecho, al final de la relación me recriminaba que yo le diese mucha importancia a mi imagen externa, le molestaba que me arreglara y me vistiese bien. En un intento de agradarle al principio, me cuidaba muchísimo, incluso llegué a comprarme un vestido para Él. Al verme me dijo: «Me gusta que pienses así en mí». Al inicio de todo, le agradaba que luciera bien. Con el tiempo, sin embargo, le molestaba, lo achacaba a la superficialidad, y otras veces me decía que le gustaba mi forma de vestir porque no seguía lo que la sociedad marcaba.

Otro día, por ejemplo, me insinuó que mi vestido era corto, que se me veía el trasero. Si te fijas, no tienen un criterio fijo, no se sabe si les gustas o no ni qué quieren decir. Intentan entrar por alguna grieta para que te molestes o inquietes.

En fin, en cuanto a la pesadilla, una noche soñé que un gran cocodrilo me intentaba devorar y desperté sobresaltada. Busqué sus significados y encontré lo que me imaginaba, que el enemigo andaba cerca. No le conté nada por teléfono, creo que fue en la cena. Cuando llegué a su casa, ahí estaba Él, con un polo de Lacoste de color verde. Me quedé impactada, me salió una sonrisa de pánico.

Cuando pedimos, le empecé a hablar del sueño. Por aquella época, no era muy consciente de lo que estaba pasando y pensaba que tener un novio era así, que conocer a alguien implicaba ver sus sombras. De hecho, esa era mi explicación ante mis amigos.

—¿Qué ha pasado?

—Pues, verás, he soñado con un cocodrilo. Era un cocodrilo gigante y me intentaba comer. Y ahora apareces tú, con este polo de Lacoste verde. No sé, no sé qué pensar, me parece extraño.

—Puede que el cocodrilo sea yo.

DISONANCIA COGNITIVA

Me encantan los aforismos. Y apareció en mi vida la siguiente frase de la película *Come, reza, ama*: «Para llegar al castillo tienes que cruzar el foso». En aquel momento, pensé que lo estaba viendo claro, que para conquistar su corazón debía cruzar algún tipo de foso, mejorar, cambiar, dejar de ser yo, luchar contra dragones y cocodrilos, y así encontraría ese precioso castillo de amor y maravilla que, por supuesto, nunca llegó. A la vez que esta idea estaba en mi cabeza, también me rondaba una fábula de Jorge Bucay, *La princesa busca marido*:

> Había una vez una princesa que quería encontrar un esposo digno de ella, que la amase verdaderamente. Para lo cual puso una condición: elegiría marido entre todos los que fueran capaces de estar 365 días al lado del muro del palacio donde ella vivía, sin separarse ni un solo día. Se presentaron centenares, miles de pretendientes a la corona real.
>
> Pero, claro, al primer frío la mitad se fue, cuando empezaron los calores se fue la mitad de la otra mitad,

cuando empezaron a gastarse los cojines y se terminó la comida, la mitad de la mitad de la mitad también se fue.

Habían empezado el primero de enero, cuando entró diciembre, empezaron de nuevo los fríos, y solamente quedó un joven. Todos los demás se habían ido, cansados, aburridos, pensando que ningún amor valía la pena. Solamente este joven que había adorado a la princesa desde siempre estaba allí, anclado en esa pared y ese muro, esperando pacientemente que pasaran los 365 días.

La princesa, que había despreciado a todos, cuando vio que este muchacho se quedaba, empezó a mirarlo, pensando que quizás ese hombre la quisiera de verdad. Lo había espiado en octubre, había pasado frente a él en noviembre, y en diciembre, disfrazada de campesina, le había dejado un poco de agua y un poco de comida, le había visto los ojos y se había dado cuenta de su mirada sincera.

Entonces, le había dicho al rey:

—Padre, creo que finalmente vas a tener un casamiento, y que por fin vas a tener nietos. Este es el hombre que de verdad me quiere.

El rey se había puesto contento y comenzó a prepararlo todo. La ceremonia, el banquete, e incluso le hizo saber al joven, a través de la guardia, que el primero de enero, cuando se cumplieran los 365 días, lo esperaba en el palacio porque quería hablar con él.

Todo estaba preparado, el pueblo estaba contento, todo el mundo esperaba ansiosamente el primero de enero. El 31 de diciembre, el día después de haber pasado las 364 noches y los 365 días allí, el joven se levantó del muro y se marchó. Fue hasta su casa y fue a ver a su madre, y esta le dijo:

—Hijo, querías tanto a la princesa, estuviste allí 364 noches, 365 días, y el último día te fuiste. ¿Qué pasó? ¿No pudiste aguantar un día más?

Y el hijo contestó:

—¿Sabes, madre? Me enteré de que me había visto, me enteré de que me había elegido, me enteré de que le había dicho a su padre que se iba a casar conmigo y, a pesar de eso, no fue capaz de evitarme una sola noche de dolor. Pudiendo hacerlo, no me evitó una sola noche de sufrimiento. Alguien que no es capaz de evitarte una noche de sufrimiento no merece de mi amor, ¿verdad, madre?[23]

Este cuento flotaba en mi mente, sabía que lo que me estaba pasando no era bueno, pero a la vez luchaba por que lo fuera, por que me estuviera equivocando y por que tener una relación significara luchar. Ahora sé que no hay que luchar. Hay que ser y amar.

¿Qué me estaba pasando? ¿Por qué no era capaz de juntar todas las pruebas como si de un caso de investigación se tratara y salir corriendo? Esto me lo ha preguntado mucha gente, quizá también a ti, mientras sientes esa punzadita dentro y piensas «no puedo, no puedo».

Déjame hablarte sobre la disonancia cognitiva. Sabes que algo que está pasando no es del todo correcto, pero no tienes fuerzas para abordarlo o piensas que puede cambiar o que no te hace daño.

Un ejemplo muy claro es el tabaco. La gente sabe que fumar hace daño, que es muy perjudicial, pero sigue fumando; piensa que el cáncer va a atacar a otros o que queda mucho tiempo para que algo malo le pase. Encontramos una explicación más compleja en la revista *Ciencia Cognitiva*, en la que se define la disonancia cognitiva así:

23. Bucay, J. *La princesa busca marido*.

> Las personas tienden a mantener coherencia y consistencia entre las acciones y los pensamientos. Cuando no es el caso, experimentan un estado de disonancia cognitiva (Festinger, 1957). Por ejemplo, cuando una persona sabe que su vecino maltrata a su esposa y, sin embargo, se queda con los brazos cruzados. En lugar de intervenir de algún modo para obstaculizar la violencia (que condena), justifica la inacción con pensamientos del tipo «todos los matrimonios tienen problemas». Desde el momento en que conoce el maltrato hasta que decide no intervenir, esta persona experimenta un estado de disonancia cognitiva[24].
>
> Una cuestión recorre casi todas las historias que nos cuentan las víctimas de los psicópatas: «¿Cómo pude haber sido tan estúpido? ¿Cómo pude creer tal sarta de mentiras?». Y, cuando no son las víctimas las que se hacen estas preguntas, son los demás: «¿Cómo has podido tragarte todos sus cuentos de esa manera?». Y la respuesta característica es «Tenías que haber estado allí. Parecía lo más razonable, lo más coherente del mundo». De ello podemos deducir que si hubiésemos estado allí nos habrían tomado el pelo de la misma forma[25].

Esta es una duda habitual. La gente no suele entender por qué sigues en una pareja así, pero, si nos fijamos, todo el mundo está zambullido en historias similares cada día. La palabra es un instrumento de manipulación tremendo del que casi nadie se salva.

---

24. Bietti, L. M. (2009). *Disonancia cognitiva: procesos cognitivos para justificar acciones inmorales.* Ciencia Cognitiva: Revista Electrónica de Divulgación. Recuperado de: http://www.cienciacognitiva.org/files/2009-3.pdf

25. Hare, R. D. (1993), *op. cit.*

¿Qué hay de los políticos? ¿Qué hay del jefe que no paga y te promete un futuro arrasador? ¿Qué hay del comercial que asegura rebajar todas tus facturas? No es fácil escapar de discursos grandilocuentes; hay que contar con buen entrenamiento y aun así caemos, no sabemos con quién estamos hablando.

Así que, si te ronda esta duda o te han preguntado por qué aguantaste esto, esta es la respuesta: es un proceso psicológico en el que pasas por alto cosas que en cualquier otra situación te parecerían inaceptables en pro de la relación, en pro del amor.

Piensas que esa persona va a cambiar, que tu amor la va a cambiar y se va a dar cuenta y te va a tratar mejor. Nada más lejos de la realidad. No te culpes, no había forma de pararlo y tal vez no te percatases de ello; percibes que algo va mal, pero no el qué. Sabes que hay valores que estás transgrediendo, aunque empiezas a justificarlo y a cuestionarte.

«¿Tengo valores muy rígidos? ¿Soy muy exigente? Vamos a ver qué pasa…». Son frases que resonaban en mi cabeza. En Twitter leí un tuit que resumía bien qué se siente con la disonancia cognitiva:

> Me duele a veces la simpleza. Contar a alguien una experiencia emocional dolorosa y que la respuesta sea: "Pero ¿cómo no has salido ya de ahí?". ¿Pues no será porque no he podido, mi alma?[26]

26. Salama, S. [@Solsalama] (4 de abril de 2021). *Me duele a veces la simpleza…* [Twitter]. Recuperado de https://twitter.com/solsalama/status/1378755583608827912

SCHADENFREUDE

Los días siguieron compartiendo ratos normales, sobrellevando los agrios. A veces pasábamos horas en su casa meditando y leyendo juntos un libro a medias. Eso era divertido, muy interesante, la parte que me hacía creer que podía ser bonito, que era bonito. Nos recuerdo en el sofá con las luces apagadas, escuchando música de fondo y compartiendo el momento, sin más, o planificando alguna salida a la montaña o a algún pueblo de playa. Todo estaba bien cuando estábamos bien.

Hace poco estuve viendo nuestras fotos. Tuvimos momentos malos, también los hubo buenos. Recuerdo una salida a la montaña. En un pueblo de mi provincia, descubrimos un lugar mágico en mitad de un monte, un agujero en una roca que nos mostraba el cielo abierto mientras estábamos recostados. Por esos momentos merecía a veces la pena todo lo demás.

También encontré fotos que me recordaron malos momentos, historias duras.

Solía ir a andar a la montaña, no a escalar ni a sufrir, sino a pasear, a disfrutar de los árboles y de las ardillas y de un momento de paz. Una mañana nos levantamos y tuvimos un encontronazo absurdo.

Al despertar, vi que habían clasificado en YouTube uno de los vídeos de mis doblajes como contenido para mayores de dieciséis años. Me levanté de la cama contrariada y se lo expliqué pensando que obtendría su apoyo: no fue así. Le enseñé el vídeo. Era de una práctica de un doblaje de la película *Trainspotting*.

Me dijo que entendía que hubieran hecho esa clasificación en el vídeo porque yo, con mi trabajo, estaba incitando al consumo de drogas. Fui consciente a la perfección de lo que estaba pasando y le contesté:

—Claro, seguramente un amargado que se masturba con imágenes de desconocidas de Twitter se entretiene con estas cosas, pero, obviamente, una práctica de doblaje le resulta ofensiva.

Hice referencia de manera encubierta a su cuenta pornográfica de Twitter, pero no contestó, miró hacia otro lado. Cuando te enfrentas a un psicópata con algo irónico o sarcástico, es probable que no lo entienda, o no lo quiera comprender, y lo obvie, es lo habitual; tienen mucha pericia para ofender, pero se quedan escasos al interpretar.

Cuando todo se calmó, nos fuimos a caminar por un lugar cercano a su casa y llegó su venganza a aquel capítulo sin sentido. Estuvimos caminando horas bajo el sol, sin agua, hasta que caí exhausta. Son así; convierten una actividad lúdica y bonita en un calvario con el único objetivo de hacerte sufrir. Tuve que detenerme y decir que ya no podía más. No era la primera vez que hacía algo así.

En un lugar cercano a mi casa, me había hecho lo mismo tras confesarme que había dejado en mitad de una montaña a una chica porque ella se había vanagloriado de estar fuerte y tener resistencia.

—¿Me harás lo mismo a mí, dejarme abandonada como a ella?

Le salió una sonrisa maléfica.

—No, a ti no.

Alguien que es capaz de dejar tirada a otra persona en mitad de una montaña no es buena gente.

El paseo del día soleado acabó y nos fuimos al coche.

—Sacúdete los pies antes de entrar.

«Estúpido», pensé.

Disfrutan, gozan con el mal y con el sufrimiento ajeno. *Schadenfreude*. Ya he mencionado este concepto antes y voy a explicarlo. Grecia Guzmán Martínez, psicóloga y redactora especializada en psicología social, lo define como sigue:

> El *schadenfreude* es la experiencia de regocijo causada por la desdicha de los demás. Se trata de un fenómeno psicológico que con frecuencia se relaciona con la falta de empatía y compasión, con lo cual suele asociarse a las personalidades antisociales. El término alemán *schadenfreude* se utiliza para hacer referencia a la sensación de satisfacción, complacencia, alegría o placer provocada por las dificultades o humillaciones que experimentan otras personas. Es decir, se trata de regodearse de los percances que les ocurren a los demás[27].

27. Guzmán, G. (s. f.). *Schadenfreude: ¿Por qué aparece la satisfacción ante problemas ajenos?* Psicología y Mente. Recuperado de https://psicologiaymente.com/psicologia/schadenfreude

EL SEXO

Nos gustaba el mar, disfrutar de la brisa, del buen tiempo, y poco a poco iba llegando el otoño: ya no hacía ese calor abrasador que quitaba las ganas de salir de casa.

—Oye, ¿vamos una playa preciosa? –propuse.

Supongo que, como a todos, me gusta compartir mis lugares preferidos con quienes quiero. Pienso que no hay nada más bonito que disfrutar con otras personas de lo que te hace disfrutar a ti. Me encanta ir a un restaurante que hay en la orilla del mar, sencillo, pero con una comida excelente.

Siempre llevo a mis amigos, es un sitio especial para mi gente especial. ¡Cómo no iba a ir con Él!

Él siempre era muy puntual y exigía puntualidad. Recuerdo sus malas caras si yo llegaba cinco minutos tarde a alguna parte. Sin embargo, el día que fuimos a comer al pueblo de playa, llegó tarde. «Qué extraño», pensé.

—¿Y este retraso?

—He visto a una chica haciendo autostop…

—¿Y qué, has pensado en parar y follártela? –dije a modo de broma.

—Sí, puede, pero iba a llegar demasiado tarde.

Se me heló la sangre. Hay cosas que ves venir y otras no. Cosas que pasas por alto y cosas que suponen un alto en el camino. Me duele recordarlo. ¿Cómo estaba pasando aquello?

Las personas a las que se lo he contado me han preguntado si era broma, si su contestación era para hacerse el gracioso. No. No era broma; aquella respuesta iba en serio.

A Él le parecía normal y aceptable lo que me estaba diciendo. Se me ensombreció la mirada y la sonrisa se frenó en seco. Dejé la conversación y continuamos comiendo y bebiendo como si nada; bueno, Él siguió como si nada. No recuerdo mucho más de aquella comida. Después, empezamos a andar por el paseo de la playa.

—Oye, quiero que me aclares eso que me has dicho antes. ¿Te hubieras acostado con esa chica sin más?

—Sí, bueno, si eso hubiera sucedido sería por algo, pero he pensado que iba a llegar muy tarde.

—Entonces, te va bien todo lo que se te presenta en el camino, ¿no? Mira, creo que ya te lo he dicho muchas veces, no quiero una relación abierta y, por lo que entiendo, sigues buscando otras opciones. Aclárate, pero yo no voy a seguir adelante. Entiendo que quieras conocer a otras personas y estés en ese momento, pero yo quiero disfrutar con alguien especial y que por el momento esté por mí.

Me eché a llorar, de las pocas veces que lloré delante de Él. Estaba abrumada, ya no sabía cómo digerir todo aquello, tal inmensidad de destrucción. He visto las fotos de ese día muchas veces; son preciosas si no me miras a los ojos. En ellos hay un mar de tristeza, son oscuridad, la oscuridad de quien se da por vencido y ya no sabe a qué atenerse.

Después de aquello fuimos a tomar algo y surgió una conversación sobre cómo se relacionaban las parejas. Según Él, la nuestra estaba viva porque éramos capaces de hablar de «nuestras cosas». En parte, lo llegas a pensar, te lo llegas a creer. «Igual los demás se aburren y nosotros somos la pareja ideal», pensé. Cuando teníamos esas conversaciones me hacía replantearme muchas cosas, era muy listo, y al final siempre intentaba encajar esas piezas del puzle que en realidad no encajan. ¿Tendrían todas las parejas estos problemas?, me preguntaba.

Si te digo la verdad, he tenido que dejar de escribir un rato este libro. Aunque haya pasado el tiempo, hay situaciones que siguen doliendo igual y continúo sin entender. Hoy ya no hago el esfuerzo por entender qué pasó. Es una de las claves, no preguntarse por qué, pues no hay un porqué.

Siempre me llamó la atención su sinceridad. Con el tiempo, supe que no era sinceridad. Tan solo me explicaba qué iba a hacer o qué podía pasar. Explicándome cosas que había hecho o cosas que le gustaría hacer me ponía en antecedentes. En terapia fui capaz de comprender esto.

—No entiendo por qué me contaba que quería estar con otras chicas.

—Te explicaba qué iba a hacer. No es que fuera sincero, es que te estaba preparando para lo que pudiera pasar –me dijo mi psicóloga.

Siempre pensamos que ser sincero es bueno, y no. Si lo que hay en tu interior es una inmensa oscuridad, no es bueno ser sincero, pero asociamos sinceridad con ser buena gente. Aquel día fue desenmascarando sus pocos escrúpulos para mantener relaciones sexuales con quien fuera, como fuera, y encima excusándolo.

¿Cómo un día tan precioso se había nublado de aquella manera? Volví a aquella playa tiempo después para crear recuerdos nuevos. Le conté a mi psicóloga que me fastidiaba haber ido con Él a mis sitios preferidos.

—Debes volver y fabricar nuevos recuerdos bonitos. No dejes de ir a tus lugares favoritos.

El sexo es un arma más de manipulación, quizás de las más potentes. Es la expresión del vínculo, de la emoción, es la llama que mantiene la relación. Siempre supe que no había nadie en Él, y se hacía más fehaciente cuando manteníamos encuentros sexuales. A veces, paraba y lo miraba a los ojos.

—Esto no es real.

—¿Cómo no va a ser real? No te crees lo que está pasando.

—No sé, es raro…

Y seguíamos.

Todo tenía una perfecta ejecución, hasta el cariño, los abrazos… Nada parecía fingido, era una obra de teatro perfecta, pero faltaba un personaje: Él. Sé cómo te mira alguien que te quiere y te desea. Es esa mirada de amor, cálida, que te conecta a otra persona, que te pone frente a ella y te hace saber que está para ti, que te quiere, que te ama. Eso nunca sucedió.

Todo lo que pasaba era un artificio, una ficción, Él mismo no era real. Era como si yo misma hubiera creado mi fantasía del chico perfecto que, en realidad, no era tal. Médico, ojos verdes, fuerte, inteligente… pero con una inmensa oscuridad. Eso es lo que me costaba entender.

> Los investigadores James K. McNulty y Laura Widman observaron específicamente el comportamiento sexual de las personas narcisistas. Por un lado, se trata de gente que carece de empatía, y esta es fundamental en las relaciones sexuales saludables. La comunicación también es fructífera en el sexo, y los narcisistas están centrados

> en sí mismos y no tienen ninguna intención de establecer una comunicación real. Además, observaron que los narcisistas tienden a tener una actitud sexual agresiva y una clara tendencia a la infidelidad[28].

Una mañana, al principio de empezar a vernos, me desperté, desnuda. Él me estaba tocando, abriéndome las nalgas para hacerme una foto.

—¿Qué estás haciendo?

—Nada, intentaba hacerte una foto.

—Ya veo. ¿Para qué? Deberías haberme pedido permiso.

—Bueno, te lo estoy diciendo ahora. Te podría mentir como hacen otros.

Ahora, al escribir esto, me horrorizo, se me acelera el pulso recordando aquella escena.

Otra tarde, mientras veíamos el documental *¿Qué coño está pasando?*, de Rosa Márquez y Marta Jaenes, estuvimos hablando sobre el abuso. Estábamos echados en el sofá y le conté algo que había sucedido cuando yo vivía en Madrid.

—Iba dormida en el autobús, de camino a casa, y me desperté porque un hombre me estaba tocando las piernas. Eso son cosas que no hace la gente normal, vamos, esto tú no lo harías...

Hubo un silencio, lo miré y me dijo que no sabía, no estaba seguro de no hacerlo. La falta de límites de este tipo de personas puede manifestarse en todos los aspectos de la vida y, cómo no, en el sexo. Él no tenía claro qué estaba bien y qué no, o le daba igual.

---

28. Jiménez, M. (12 de julio de 2014). *No funcionan en el amor, sí en el sexo: por qué los narcisistas son tan buenos en la cama*. El Confidencial. Recuperado de https://www.elconfidencial.com/alma-corazon-vida/2014-07-12/por-que-los-narcisistas-son-buenos-en-la-cama_153459/

También estoy segura de que se inventaba historias con otras chicas solo por denigrarme, alardeaba de sus hazañas sexuales con mujeres, de los squirts que les provocaba, de lo mucho que mojaban la cama…

Además, «muy pocas veces le van a decir a la otra persona que les encanta cómo lo hace, pero, en cambio, van a resaltar lo bien que ellos lo hacen», dice Mae Wood, y resalta que suelen ser «muy exigentes, creídos y, por tanto, nunca refuerzan positivamente a su novio-novia». Con frases como «si no has llegado al orgasmo, ya será en otra ocasión», «a mí todas mis exnovias me han dicho que yo soy el mejor» o «es que el problema es que eres demasiado exigente», los narcisistas se protegen de las críticas de los demás, porque, en cualquier caso, «si hay algún problema de pareja, la culpa es del otro»[29], afirma el doctor en Psicología y escritor Javier Urra.

La vida con Él era como un mundo paralelo. Yo pasaba en su casa muchos días a la semana que transcurrían con aparente tranquilidad, como si fuéramos una pareja normal –tardes de cine, paseos por la playa, lectura, comidas, cenas, visitas a museos…–, hasta que pasaban capítulos horribles. Una de cal y otra de arena, el perfecto equilibrio del horror. Normalmente, tras enfadarnos siempre había una reconciliación, un nuevo restaurante o un detalle en forma de regalo. «Esto es el ciclo del abuso, en el que se puede contemplar la tensión, el incidente, la reconciliación y la calma»[30].

Tras los días que pasábamos juntos, al volver a casa, me subía en mi coche, conectaba la música y respiraba. Volvía a ser yo durante un tiempo.

---

29. Ayala, M. F. (12 de septiembre de 2016). *Sexo narcisista: servirse del otro para uno mismo no es bueno. Efe Salud.* Recuperado de https://efesalud.com/sexo-con-narcisista-placer-del-otro/
30. Hochenberger, K. L. (30 de marzo de 2022). *El ciclo narcisista de abuso. Psychology Today.* Recuperado de: https://www.psychologytoday.com/es/blog/el-ciclo-narcisista-de-abuso

EL TRATAMIENTO SILENCIOSO

Yo estaba orgullosa de mi relación. Al principio, les hablé a mis colegas cercanos de Él, de lo maravilloso e inteligente que era, de toda la atención que me prestaba al principio, la ilusión que teníamos... La verdad es que Él era muy guapo. Yo lo miraba y me parecía perfecto para mí. Me gustaba que tuviera los ojos verdes y que fuera rubio, que fuera médico. Eso me hacía sentir segura. Me atraía que tuviera una vida forjada por sí mismo, que, contra todo pronóstico, hubiera estudiado Medicina y ejerciera su pasión. Mis mejores amigos estaban muy contentos, y yo, como ya he dicho, también, aunque poco a poco fui contando cosas que no me acababan de cuadrar. Recuerdo una tarde en casa de una amiga, cuando yo empezaba a estar inquieta, pues sabía que no era normal que un chico al que le gustas tanto desaparezca durante todo el día.

—Qué enamorada estás... –me dijo mi amiga.

—Sí, pero no sé, veo raro que se ausente tantas horas sin decirme nada, siento que no le intereso.

—No te obsesiones. A mí me pasaba lo mismo. Al principio no nos escribíamos tanto y luego poco a poco fuimos encajando.

—No sé, siento algo raro... Yo creo que queda con otras mujeres y por eso pasa de mí así.

La semilla de la duda ya estaba plantada y en marcha. A mi mejor amiga también le hablé de Él mientras paseábamos.

—Es un chico fenomenal, tiene sus cosas, como todo el mundo; este fin de semana, por ejemplo, se ha marchado por asuntos de trabajo y no sé nada, no me escribe. Supongo que necesitará su espacio.

¿Espacio? Es obvio que no hay que estar pegado al teléfono día y noche y que a lo largo de una jornada laboral hay muchas obligaciones y a veces no es posible consultar el teléfono móvil. Pero no nos engañemos; si una persona no te contacta es porque no quiere. No hay que darle más vueltas, nadie está tan ocupado como para no contestar un mensaje.

A medida que nuestra relación avanzaba, yo me daba cuenta de que el móvil era una extensión de su brazo, así que no es que no mirara el teléfono durante esos fines de semana o viajes, sino que no me miraba a mí. La gente te va a decir que te estás obsesionando y que le des tregua, que estará muy ocupado.

Piensa y reflexiona, recuerda cómo te has comunicado con otras parejas que te han amado. ¿Necesitabas su permiso para escribir o llamar? ¿Recibías respuesta a tus mensajes en un tiempo razonable?

Tratamiento silencioso es lo que me hacía.

> Uno de los castigos más recurrentes en psicópatas con sus parejas es su aislamiento temporal; desaparecen por un periodo de tiempo indefinido en el que es misión imposible saber de ellos. Es un retiro del entorno habitual para después volver a recibir el suministro de ego que necesitan. Las desapariciones crean en la pareja dependencia y sentimiento de culpa[31].

31. Rodríguez, S. (2020). *Si el psicópata se enfada te va a castigar.* Recuperado de https://www.silviarodriguez.es/si-el-psicopata-se-enfada-te-va-a-castigar/

LA AMISTAD

La amistad es importante en todas las facetas de nuestra vida, pues los amigos allanan los caminos, nos hacen ver las cosas desde otros puntos de vista, desde otras perspectivas. Una de las cosas que aprendí durante este noviazgo fue a escucharme a mí misma. Un amigo, con sus buenas intenciones, es posible que te ayude a distorsionar tu percepción. Párate y siente qué está pasando. Si hay algo que crees que no está bien, no está bien; no preguntes más, toma tus propias decisiones.

A una amiga le iba contando mis hazañas, al principio con mucha alegría, después, entre las tinieblas que me generaba Él, pero ella supo desde el principio los detalles más escabrosos y siempre tuvo a mano una justificación.

—Lo pillé haciéndome una foto mientras yo dormía, sin mi permiso.

—Bueno, los hombres son así, ya sabes.

—¿Cómo son los hombres? A mí esto no me había pasado nunca.

Volvemos al mismo punto: si según tu criterio algo está mal, está mal. Varias amigas tenían esta misma actitud de justificación de los malos tratos, y eso, como ya imaginarás, es muy peligroso.

—No estoy acostumbrada a relacionarme desde el conflicto, me cuesta.

—Pues es lo que hay, debes acostumbrarte porque las relaciones son eso.

—¿En serio? No sé, no me gusta pelearme a diario ni sentirme mal. Yo creo que una unión es para estar bien; pueden pasar cosas, pero no sé... No se me da bien pelearme con mi pareja.

—Los hombres son así, tienes que aprender.

—No, mira, todos los hombres no son así, no sé con quién has estado o estás, pero yo hay cosas que no veo normales.

Tuve esta conversación con dos personas distintas y me negaba a creer que los hombres fueran así. ¿Así cómo?, ¿malas personas por definición? No lo creo. En mi camino me he cruzado con hombres maravillosos que me han hecho sentir la reina del universo.

Ten cuidado con las personas que justifican los malos tratos. Visto con perspectiva, mis dos amigas estaban o están en relaciones abusivas de las que no son conscientes.

Con buena voluntad, es posible que haya quien trate de ayudarte a gestionar tu relación, que quiera que vaya todo bien, pero lo que está haciendo es acompañarte en tu propia caída. Aunque sea doloroso entenderlo, esas personas, por el momento, no son capaces de ver qué está pasando en sus vidas y, por tanto, tampoco te van a ayudar en la tuya.

No las culpo en absoluto de nada, pero las justificaciones de situaciones extrañas no me hicieron bien; su visión distorsionada del amor, la de ellas y la mía propia, y la de mucha gente que asocia amor y dolor, me ayudaron a caer en un pozo muy oscuro. Además, es posible que alguien te culpe o siga teniendo dudas sobre si lo que le has contado es cierto. En no pocas ocasiones se pone en tela de juicio una historia y se ataca a la víctima como si fuera culpable y artífice de su propia desgracia.

A título personal, pienso que eso hace que vivan más tranquilas al no creer que el mal existe y que también podrían ser víctimas de él.

Pensar que todo es una mentira forma parte de un mecanismo de defensa tranquilizador. Por tanto, es posible que amistades, familiares y otras personas estén cuestionando lo que te ha sucedido.

El psicólogo Iñaki Piñuel también dedica un capítulo entero, «Los falsos amigos y la falacia del mundo justo en el que cada uno merece lo que recibe», a este tema en su libro *Amor Zero*, en el que dice lo siguiente:

> El mundo entero parece conspirar para pedirle que confiese que la que se ha equivocado y la que merece lo que le ocurre es la propia víctima. A esto contribuyen todos los falsos amigos de las víctimas que animan a todas las víctimas de este mundo a hacer examen de conciencia y a descubrir en ellas lo que han hecho mal, en qué se han equivocado, etc.[32].

Durante tu relación, verás que tu círculo cercano cambia, poco a poco te vas aislando. Es una de sus estrategias: cuanto más te aísle, más fácil será que no te cuestiones nada. Debes estar alerta y apoyarte en gente con vida sana, no en personas que forman parte del círculo de la violencia.

Siempre hay gente dispuesta a escuchar y a ofrecer un punto de vista objetivo que te dirá «Eso no me parece normal, no me parece bien». En cuanto oigas esa frase, debes atender a esa persona. De inicio, no te gustará, porque se empezará a poner en alerta tu actual sistema de creencias, pero dale una vuelta al comentario.

32. Piñuel, I. (2016), *op. cit.*

Si le estás contando algo a alguien es porque tienes serias dudas dentro de ti, ya hay una semilla plantada que no te acaba de encajar y necesitas contrastar las cosas con alguien. Lo fácil es que le quiten hierro al asunto, que te digan que todo está bien, pero en tu fuero interno sabes que no, que algo no anda bien.

Para mí esto fue un salvavidas, contar con quienes tenían las ideas muy claras sobre lo que me estaba sucediendo, aunque yo en ese momento no fuera capaz de percibirlo. De manera cariñosa pero firme, me hicieron ver que las experiencias por las que estaba transitando no eran adecuadas ni sanas ni nada tenían que ver con el amor; al contrario, empezaban a ser peligrosas.

Así que, si alguien cercano te dice que algo no es normal, probablemente no lo sea. Aférrate a esa persona y pídele que te explique su visión. Reflexiona y escúchate.

En el libro *Amor Zero*, el autor cita a Henri Nouwen, sacerdote católico holandés, con una frase muy bonita y muy valiosa sobre la amistad en estos momentos:

> El amigo que puede estar silenciosamente a tu lado, en un momento de desesperación o de confusión, aquel que puede estar a tu lado en la hora del duelo, y del abatimiento, aquel que puede tolerar no comprender, no resolver, no curarte, no calmarte y enfrenta contigo la realidad de tu indefensión y abandono, ese es un amigo verdadero que te cuida[33].

Todavía se me saltan las lágrimas al leer esto.

Fueron varias las amistades que me acompañaron en el tortuoso camino, pero dos me sostuvieron de manera incondicional, a pesar de no entender bien lo que estaba pasando; yo misma no lo podía

33. Piñuel, I. (2016), *op. cit*.

entender. Esperaron pacientes, de día y de noche, a lo que yo necesitase, me sostuvieron en la decisión más dura de mi vida.

En tu caso, deberás ir resolviendo el enigma de la amistad. También aparecerá gente que no querrás que sepa nada o te agradará contar con una persona que te conoce de nuevas a quien no le importa tu pasado y con la que no hablas de ello.

Date espacio para lo nuevo sin olvidar el pasado, lo cual es imposible. Abre una pequeña ventana a lo ajeno, a lo divertido, a lo que te aporte cosas positivas, y siempre con los ojos bien abiertos.

No te voy a mentir; pasar por una experiencia así no evita que te cruces con gente que no te hace bien: te la seguirás encontrando y en cuanto algo no te cuadre, sabrás cerrar esa puerta, con elegancia y cariño hacia ti.

Yo he apartado de mi vida a varias personas, por el amor que me tengo y por respeto a mi vida. Cabe resaltar que no son malas personas en absoluto, igual que el alcohol no es malo en pequeñas dosis, ni fumarse un cigarro de vez en cuando te va a matar, pero tampoco pasa nada si no los tomas.

En ocasiones, los caminos se separan, para siempre o durante un tiempo, y debemos respetarnos, saber que hay gente que ha formado parte de tu vida y ya no estarán en el próximo capítulo, o quizás estén en el próximo libro y no en este. Sabrás quiénes son, y es muy posible que se enfaden y que no asuman que por el momento no van a participar más de tu vida; puedes explicarles tus motivos o no, es tu decisión. Tus límites son tuyos y se deben respetar.

LOS AMIGOS DE ÉL

> Pregúntele acerca de sus familiares y amigos, su empleo, dónde vive, qué planes tiene, etc. Cuando les preguntan sobre su vida personal, los psicópatas, en muchas ocasiones, dan respuestas evasivas, vagas e incoherentes. Sospeche de tales respuestas e intente verificarlas[34].

—¿Qué haces este fin de semana? Yo he quedado para pasear por el monte y después iremos a tomar algo, supongo.

—Salir.

—¿Con quién? ¿Qué vas a hacer?

—Salir, con gente.

Es comprensible no dar muchos detalles íntimos al inicio de una relación. Se puede entender que cada uno tiene sus límites y unas ganas de contar distintas, pero aquellas respuestas me parecían extrañas. Lo eran.

Lógicamente, si sales, sales a la calle y, si vas a cenar, es probable que lo hagas con otras personas, pero... ¿por qué ocultarlo?, ¿qué tenía

34. Hare, R. D. (1993), *op. cit*.

Él que ocultar? Sin haber leído a Robert Hare, ya de manera intuitiva me sorprendieron sus evasivas. Él tenía muy pocos amigos, de eso me di cuenta después.

Desconfía de alguien que no tiene amigos ni referencias: es probable que oculte algo. Aquella noche en la que Él había quedado con gente, no me contestó hasta bien entrada la madrugada. Fue una noche en blanco para mí, aunque seguro que para Él fue muy jugosa.

No solía compartir mucho sobre su vida. Antes de que empezásemos a quedar, yo ya había buscado en Google su nombre. Aunque le acababan de publicar unas entrevistas en varios medios de comunicación, no hizo mención alguna sobre esto. Ocultó algo de lo que se supone que debía sentirse orgulloso. Me resultó curioso que, siendo yo periodista, no me dijese nada; es más, creo que no le hizo mucha gracia que lo descubriera.

A decir verdad, aquellos descubrimientos, a la vez que me inquietaba que no me hubiera dicho nada, también me gustaban. Me atraía saber que era una persona importante, que tenía reconocimiento público en su comunidad, que era un médico de referencia en su ámbito y que Él estaba conmigo.

> Estoy seguro de que, si las familias y amigos de tales individuos estuviesen dispuestos a discutir sus experiencias sin miedo a las represalias, saldría a la luz una buena cantidad de abuso emocional, traiciones amorosas, doble juego y, en general, una conducta mezquina. Piense en los muchos casos en los que un «pilar de la comunidad» comete un delito grave –por ejemplo, asesinato o violación– y en el proceso de las investigaciones se halla toda una doble vida delictiva. Muchos de esos casos han sido convertidos en el argumento de libros y películas[35].

35. Ídem.

Una noche quedamos en mi ciudad. Habíamos planeado ir a un lugar precioso a cenar, en las faldas de una montaña al lado de un templo, un lugar tranquilo y romántico. Me gustaban esos espacios con Él, y estoy segura de que a Él también le gustaban, le agradaba que tuviera esos detalles. Yo siempre pensaba que podríamos pasar un buen rato. Aunque en mi fuero interno tuviera mis inquietudes, siempre fui positiva y creía que las cosas podrían ir a mejor.

Llegó puntual, como era costumbre, pero venía hablando por teléfono. Cualquier otro hubiera dado por finalizada esa conversación con el interlocutor para dar inicio a una velada con su chica, pero no.

Se bajó de su coche, se subió en el mío y fui en silencio oyendo una extraña conversación sobre el karma y el universo. Desconocía quién estaba al otro lado de la línea. Hacía una noche maravillosa, pero todo se empezó a torcer. Cuando aparqué, Él seguía hablando por teléfono. Nuestra mesa estaba preparada y, casi una hora después, yo estaba allí, estoica, sin poner mala cara, ni un mal gesto, esperando a que la conversación mística acabara.

Cuando al final colgó, nos sentamos, pero la velada fue una extensión de su conversación alucinatoria. Él hablaba con un amigo.

—¿Le has dicho que sales conmigo y que íbamos a cenar?

—No. ¿Debo decírselo a todo el mundo?

—Hombre, no sé, es un dato bonito, pero vaya…

Debería haberme enfadado. Llevaba una hora esperando a que acabara su absurda conversación sobre el más allá, el karma y a saber qué más, y yo no había dicho ni palabra. Tenía derecho a estar cabreada, y sigue siendo una de las pocas cosas de las que me arrepiento: no haberme rebelado más.

No recuerdo nada romántico de aquella cita a las faldas de la montaña, solo haber oído desvaríos y estupideces sobre gente desequilibrada que había hecho el mal en su vida y que lo estaba pagando.

Me contó una historia sobre una amiga suya que se había dedicado a torturar a hombres y estaba purgando los pecados mediante enfermedades. Cómo no, Él le había enseñado el camino del bien. Visto con retrospectiva, debería haberme marchado; una vez más, no lo hice.

¿Tenía Él más amigos? Alguna vez me habló de su primo, que le había sido infiel a su mujer y le pidió consejo. «Por sus frutos los conoceréis» (Mt 7, 16). Seguramente, esas personas cercanas conociesen sus fechorías, fueran cómplices o incluso le dieran la razón a la hora de ejecutarlas.

También tenía otro tipo de amigos, sus compañeros del gimnasio, a los que puede presentar, gente formal, deportista y de buenas maneras. No me dio tiempo a indagar demasiado y tengo serias dudas sobre si conocían quién era Él. En su lugar de trabajo tampoco parecía ser especialmente querido.

Al inicio de nuestra relación tuvo un accidente de moto y, tras su reincorporación, ninguno de sus compañeros se interesó. Un día volvió enfadado a casa porque le extrañaba que nadie le hubiese preguntado por el golpe.

También tenía obsesión por una colega de la que hablaba siempre sobre lo mal que trabajaba o lo poco que se entendían. No supe de ningún amigo cercano en su entorno laboral.

En una ocasión, se fue con unos colegas del hospital a dar una caminata por la montaña, pero ellos no formaban parte de su equipo, por lo que no tenían contacto diario, así que entiendo que todavía no lo conocían.

Aquella mañana fue curiosa. Se marcharon de ruta y yo me quedé en su casa teletrabajando. Desconozco el motivo, pero estuvo toda la mañana mandándome fotos, lo cual habría estado genial si hubiera hecho caso a lo que le preguntaba.

Durante toda aquella jornada, Internet se desconectó como ocho veces y se me estaba haciendo muy difícil. Se lo hice saber repetidamente, cada vez que me escribía, pero no obtuve respuesta. No le interesaba en absoluto si yo tenía algún inconveniente, y mucho menos si Él podía hacer algo para aliviarlo. Mientras yo le pedía ayuda, Él mandaba foto tras foto de su maravillosa mañana.

¿Vas a venir a comer? –pregunté.

—Sí, espérame.

Llegó casi a las cinco de la tarde.

—Vaya, no he comido con mis compañeros por venir a comer contigo.

—¡Ah, pues haber comido con ellos! ¡Ya es tarde, estoy trabajando!

En ese momento, yo ya estaba despertando, y vio que no iba a entrar en su juego, pero estaba muy claro lo que sucedía: intentaba culparme por haber comido. ¡Oh, pobre, que no había comido con sus compañeros por mí! Ambos sabíamos ya cómo funcionaba la cosa; bueno, creo que Él no era consciente de que yo estaba al tanto.

Esta aparente falta de afecto y profundidad de emociones condujo a los psicólogos J. H. Johns y H. C. Quay a decir que el psicópata «conoce la letra, pero no la música de la canción»[36].

> Los perversos narcisistas son individuos megalómanos que se colocan en una posición de patrón de referencia del bien y el mal y de la verdad. A menudo se les atri-

36. Ídem.

buye un aire moralizador, superior y distante. Aunque no digas nada, el otro se siente cogido en falta. Exhiben unos valores morales irreprochables con los que dan el pego y una buena imagen de sí mismos. Y denuncian la malevolencia humana. Presentan una ausencia total de interés y de empatía por los demás, pero desean que se interesen por ellos. Se les debe todo. Critican a todo el mundo y no admiten ninguna acusación ni ningún reproche. Frente a este mundo de poder, la víctima se siente forzosamente en un mundo de fallos. Señalar los errores de los demás es una manera de no ver los propios, una manera de defenderse de una angustia de orden psicótico[37].

37. Hirigoyen, M. F. (1999), *op. cit.*

DE COMIDA CON SUS COMPAÑEROS

Fuimos a comer con sus compañeros de gimnasio –acabé de trabajar justo a tiempo– a un mexicano que nos encantaba a nosotros dos. La verdad es que pasábamos buenos ratos allí. Nos encantaba la comida y nos trataban fenomenal, siempre degustábamos platos nuevos y solíamos acabar un poco acalorados. Si echo la vista atrás puedo recordar aquellos ratos con cariño. Tuvimos encuentros divertidos.

Esa tarde fue uno de los grandes capítulos de nuestra historia. Salimos de casa, fuimos al restaurante y conocí a sus colegas de *crossfit*, todo normal. Ese día conocí a alguien muy especial para Él, alguien importante en nuestra relación: la dueña de la goma para el pelo que encontré en su cama, con la que casi siempre me estaba triangulando.

> La triangulación narcisista es un juego psicológico tóxico en el que hay tres partes involucradas. Dos de ellas están en conflicto y un tercero es convocado para apoyar a una de las partes. Se trata de una forma neurótica e infantil de manejar un conflicto.

> La triangulación narcisista se cataloga como una forma de maltrato psicológico, ya que supone la utilización de un tercero para fines personales con la intención de dañar a alguien. Establece un juego tóxico en el que varias personas pueden terminar victimizadas[38].

Pues bien, yo ya conocía ese juego, sabía que Él estaba usando a otra persona para humillarme, su compañera de gimnasio. Antes de ir al restaurante me había mencionado que ella estaba distante con Él.

—Se ha alejado de mí.

—Quizás está molesta porque ahora tienes pareja.

Él sonrió, pero no con una sonrisa cualquiera, sino con la sonrisa del psicópata, de placer, al ver que de alguna manera lo estaba descubriendo. No me afectó.

Al llegar al restaurante nos presentamos y yo fui yo en todo mi esplendor, lo mejor que pude ser.

Fue una comida divertidísima. Al acabar nos marchamos a otro local a seguir tomando algo. Su amiga, con la que me estaba triangulando, se había ido con otros amigos a otra mesa, y ahí empezó el juego.

—¿Dónde está la rubia? –decía Él gritando para llamar la atención de su amiga.

De pronto, ella apareció en nuestra mesa. A partir de ahí se desató algo muy extraño. Les faltó besarse delante de todos nosotros. Hasta sus amigos se dieron cuenta de lo que estaba pasando, de la atracción que mostraban, y ponían caras de incredulidad.

Yo decidí ser una mera espectadora. Me recliné en mi silla, saqué el móvil y desconecté. Él y su amiga seguían a lo suyo, con sus besos

38. Sánchez, E. (2022), *op. cit.*

y sus abrazos. No me molestaba porque ya sabía qué estaba pasando. Era una técnica más para humillarme y al final, cuando sabes qué está pasando, le restas importancia.

Mientras estábamos tomando algo tras la comida, sus amigos nos preguntaron cuándo empezamos a salir.

—Agosto.

—¿Agosto?

Ella, su amiga, puso una cara rara.

Ellos se habían acostado, que yo intuyera, en septiembre, cuando encontré el coletero. Entendí su cara rara.

Acabamos aquella copa y nos fuimos a otro lugar, a uno que Él odiaba y que a sus amigos y a mí nos gustaba.

Llegamos allí, pedimos. Durante toda nuestra relación evitó comprarme rosas, la típica rosa que te trae el vendedor ambulante a la mesa. Él siempre las rechazaba. A mí me dolía muchísimo, no por la rosa, pero sí por el gesto. Sentía que yo no era lo suficientemente valiosa como para regalarme una.

Esa noche vino un vendedor a la mesa y su amigo compró dos rosas, una para su novia y otra para mí. En ese momento, Él no puso buena cara y yo me sentí gloriosa. Pasó mucho tiempo hasta que yo me deshiciera de la flor.

Al volver a casa la puse en agua.

—¿La dejo aquí?

—No, llévatela.

Dejé la rosa en mi coche hasta que se secó.

Entre hazaña y hazaña, nuestra vida era aparentemente tranquila, pero siempre con un mar de fondo extraño. Siempre me presentaba situaciones incómodas que me hacían sentir muy insegura, pero que, a la vez, se mezclaban con momentos bonitos de calma y de paz, como salidas por la montaña, por la playa, tardes de cine o de charlas hasta las tantas en su casa.

UN PASO MÁS

Un día empezó a llamarme Bebi, yo me llamo Débora y mi familia cercana me llama Debi, aquello de Bebi podría parecer algo cariñoso, pero no lo era; disfrutaba haciéndome sufrir. Al principio no le hice mucho caso, pero no paraba de llamarme así, ahora lo pienso y debí haber reaccionado de una manera más agresiva.

—¿Qué te pasa, Bebi?

—No me llamo Bebi.

—¿Ah no, cariñito? ¿Y quién te llamaba así para que te moleste tanto?

—Nadie, nadie me ha llamado Bebi, no me llames así…

Podíamos estar horas con esta historia, y al día siguiente yo pensaba que se le había olvidado y volvía con la misma canción.

Bernardo Stamateas, psicólogo y autor de superventas como *Gente tóxica* o *Emociones tóxicas*, define a las personas tóxicas como «adictos emocionales con muy baja empatía que necesitan hacer daño a los demás para poder sentirse bien». Stamateas cree que el miedo y la culpa son las dos emociones básicas que utilizan para manipular a los demás, y lo hacen «de una forma premeditada, consciente y reiterada»[39].

> El desprecio y la burla dominan la relación del perverso con el mundo exterior. El desprecio afecta al compañero odiado, a lo que este piensa y hace. El desprecio es el arma del débil, protege contra los sentimientos indeseables. El perverso se esconde detrás de la máscara del irónico o del bromista.
>
> La violencia es fría, verbal, y se construye a partir de denigraciones, insinuaciones hostiles, señales de condescendencia y ofensas. El efecto destructor se debe a la repetición de agresiones que son aparentemente anodinas pero continuadas, y de las que se sabe que nunca se detendrán. Se trata de una agresión a perpetuidad[40].

Otra noche volvimos a cenar al restaurante mexicano, que, como ya he dicho, era nuestro favorito, y fue fabulosa. Estuvimos comiendo, bebiendo, riéndonos, disfrutando muchísimo, contándonos qué tal había ido la semana, Él con sus operaciones y yo con mis programas de radio. En apariencia éramos una pareja bonita, teníamos profesiones maravillosas, atractivos, cada uno con sus propiedades, sus aficiones... ¡Qué más podíamos pedir, era lo que todo el mundo querría!

La noche fue genial hasta que volvimos a casa y yo tenía muchas ganas de dormir; al día siguiente tenía que trabajar y me dolía un poco el cuello. Él apareció en la habitación con una pistola para dar masajes.

> Pistola de masaje muscular. Pistola de masaje eléctrica con seis cabezales de masaje de tejido profundo y veinte velocidades ajustables para aliviar el dolor de cuello, espalda y hombros.

---

39. Stamateas, B. (2013). *Gente tóxica*. Barcelona, España: B de Bolsillo (Ediciones B)
40. Hirigoyen, M. F. (1999), *op. cit.*

> Intensidad de masaje dirigida: viene con seis cabezales de masaje y múltiples niveles de velocidad ajustables que pueden proporcionar un tratamiento específico para diferentes partes del cuerpo.
>
> Masajeador de músculos de tejido profundo: dispositivo de masaje personal profesional. La pistola de masaje de mano masajea diferentes partes del cuerpo a través de la percusión más cómoda que puede ayudar a aliviar la rigidez y el dolor muscular.
>
> Fácil de usar: la pistola de masaje tiene un control LCD muy fácil de operar. Puede ajustar fácilmente la velocidad y el nivel de vibración.
>
> Regalo perfecto de masaje diario: no solo los atletas profesionales usan la pistola de masaje, la gente común también. Si buscas un regalo para tus amantes, será tu mejor opción.
>
> Garantía: garantía de un año y servicio al cliente amigable.

Esta es la descripción de lo que usó para agredirme. No paró de darme con la pistola de masajes hasta hacerme llorar.

—Es por tu bien, cariñito.

—Me estás haciendo daño, déjame ya.

—Es el modo más suave, verás cómo mañana te sentirás mejor.

—Déjame ya, por favor.

Esa noche me desconecté, me metí en la cama sin moverme, llorando quieta, casi sin respirar. Al día siguiente tenía que trabajar, hice como si no pasara nada.

> Durante los años 70, Martin Seligman desarrolló una interesante teoría que, si bien en un principio sirvió para

> explicar el comportamiento animal, posteriormente se ha mostrado con gran capacidad explicativa para un número importante de fenómenos humanos, sobre todo con la incorporación de la teoría de la atribución al modelo.
>
> Seligman descubrió que, tras someter a un animal a descargas eléctricas sin posibilidad de escapar de ellas, este no emitía ya ninguna respuesta evasiva, aunque, por ejemplo, la jaula hubiese quedado abierta. En otras palabras, había aprendido a sentirse indefenso y a no luchar contra ello.
>
> Más concretamente, Seligman explicó el fenómeno en términos de una percepción de no contingencia entre posibles conductas de evasión y sus nulas consecuencias: haga lo que haga el animal, siempre obtendrá el mismo resultado negativo. La consecuencia más directa del proceso es la inacción o pérdida de toda respuesta de afrontamiento. Este es el principio de su teoría de la indefensión aprendida[41].

Esto es lo que pasaba. Yo pensaba que, hiciera lo que hiciera, iba a tener las mismas, así que no hacía nada. Era como quedarme bajo la lluvia a esperar a que todo terminara, pero nada iba a terminar hasta que lo decidiera yo.

Al día siguiente, la misma rutina: levantarme, encender el portátil, trabajar, Él me traía un bocadillo de tortilla que sabía que me gustaba y ya estaba todo solucionado. Esa era su forma de pedir perdón: darme comida que me gustara y disculparse así.

Recuerdo que cuando Él salía de casa yo aprovechaba para buscar información en YouTube y hablar con mis amigos. Conforme podía, le

41. Valera, S. (2021). *Elementos básicos de la psicología ambiental. Teoría de la indefensión aprendida*. Barcelona, España. Universidad de Barcelona. Recuperado de http://www.ub.edu/psicologia_ambiental/unidad-4-tema-8-4-2

iba a contando a un amigo en el poco rato que tuviéramos lo que me estaba pasando. Recuerdo haberle escrito: «Un día aparezco muerta en una maleta».

Una mañana, al irme de su casa, intenté llevarme el portátil y no me dejó. De alguna manera, sabía que yo ya no estaba bien allí. Dejé el ordenador allí a sabiendas de que podría entrar y descubrir en el chat todo lo que yo le había contado a mi amigo. Estuve toda la mañana preocupada por aquello. Hasta lo que yo sé, no pasó nada.

Empezaba a buscar información en Google y en YouTube. Cuando estás con alguien y empiezas a guglear cosas que te pasan, mal síntoma. Ninguna persona con un comportamiento aceptable te va a hacer dudar o cuestionarte ciertas situaciones hasta el punto de tener que buscarlas en internet.

Cuando Él salía de casa, yo encontraba el momento para buscar información. A su vuelta, al oír las llaves o, directamente, encontrármelo en el comedor, yo fingía que todo estaba bien y se me entrecortaba la respiración. Comenzaba a pensar en los juegos extraños que iban a empezar. Eran variados.

Un día llegó muy enfadado con un vecino de su edificio. Estaba muy agresivo, tanto que tuve que ponerme delante de Él, mirarlo a los ojos y hacerle entender que no iba a pagar conmigo esa agresividad. Recuerdo su cara.

Otras veces, cuando volvía a casa empezaba a cocinar sus malditas lentejas con picante. A todo le echaba guindillas para fastidiarme. Esto lo hacen muchos abusadores. He hablado con varias mujeres y me han contado lo mismo: le echan picante a la comida para que sufras, un método más. Cogía los chiles, los mezclaba con el tomate y las demás verduras y los picaba en un molinillo. Era imposible separar el picante del sabor, te las tenías que tragar sí o sí.

LA MÚSICA

La música es otro método de tortura. De hecho, la última vez que nos vimos me sugirió hacer una lista de Spotify compartida para tener en cuenta los gustos de ambos. Igual parece una tontería, pero no lo es. La música te acompaña en tu vida, en los buenos y en los malos momentos, y en toda esta historia la banda sonora fue un calvario más.

Recuerdo nuestra primera conversación en la aplicación de ligue: los dos coincidimos en que nos gustaba la misma música, la electrónica, y empezamos a compartir canciones. Es que parecía perfecto hasta en eso. Compartir los gustos musicales es compartir tu mundo, y hasta en eso yo creía que coincidíamos. ¡Qué genial!

Pronto descubrí que a Él solo le gustaba la música que Él escuchaba y que todo lo que yo proponía era horroroso. Supongo que al principio fingiría para complacerme, pero después ya no era necesario disimular y mostraba su incomodidad ante mis gustos.

Cada mañana ponía las mismas melodías una y otra vez; con mensaje, por supuesto. Si estás viviendo con una de estas personas, esto te será familiar: los mensajes ocultos y envenenados en la música y en las películas, como he comentado ya. Toda la música que yo escuchaba, según Él, era triste y horrible, desde Fangoria hasta Héroes del Silencio, Sía o lo que fuera, todo era horroroso. Daba igual si era electrónica, pop o *rock*: lo odiaba, me odiaba.

Un día, mientras yo trabajaba, salió el tema y empezó a ponerme canciones de artistas melódicos que no me agradaban en absoluto. Después, cogió impulso y dio el salto al *rock* de los 80, que tampoco es que me cuadre demasiado, excepto grupos concretos.

—Mira, para, no me gusta esta música –dije–. No me ha encajado nunca y estoy trabajando, así que deja de poner esto.

Entiendo que me vio en mi sitio y decidió dejarlo. La música daba igual, lo importante era molestarme: ese era su objetivo. De hecho, durante el tiempo que estuvimos juntos, exceptuando al principio, que parecía que coincidíamos, no disfrutamos de ninguna canción, algo tan propio de los enamorados. La música solo era un arma más para dañarme, para hacerme padecer. Siempre me pareció curioso su gusto por una canción en concreto que cantaba una y otra vez: *Chicho Riso,* de Moreno Negrón:

> De una *jeva* yo me vi *enamorao,* a *to* mi panas yo lo dejé *botao.* Esa *jeva* me dejó *impresionao,* ojo verde, cabello *colorao.*
>
> ¿Cuál es su nombre? Me dijo: «Rizo». ¿De dónde viene? Me dijo: «Los Alcarrizos».
>
> Por mala suerte ella pisó un miso, me di cuenta de que todo era postizo: pestaña postiza, ojo postizo, uña postiza, y le llamaban Chicho Rizo.
>
> Lo malo fue que yo lo besé, el lío grande fue que yo lo besé, besaba bueno, pero yo lo besé. Y era un hombre, pero yo lo besé.

Esa canción la cantaba siempre, casi cada día... La última vez que hablamos, la última frase que salió de mi boca fue:

—No te gustan las mujeres.

—Ah, ¿no? ¿Me gustan los hombres?

—No, no he dicho eso... Simplemente, no te gustan las mujeres, sin más.

Se hizo un silencio y colgó. Nunca más oí su voz.

Hay odio en los narcisistas, un odio irreparable hacia sus madres, hacia las mujeres; desconozco el motivo, pero es tangible y evidente.

EL ORIGEN DE TODO

> Quienes alguna vez hemos estudiado la psicopatía en los niños nos enfrentamos con una cuestión simple pero fundamental: ¿por qué? Desgraciadamente, las fuerzas que producen un psicópata todavía son oscuras para los investigadores; sin embargo, algunas rudimentarias teorías acerca de sus causas son muy valiosas.
>
> En un extremo del espectro están las teorías que consideran la psicopatía como el producto de factores genéticos y biológicos (naturaleza), mientras que las del otro extremo del espectro argumentan que la psicopatía es el fruto, desde un primer momento, de un ambiente social defectuoso (educación).
>
> Como con la mayoría de las controversias, la verdad se halla en algún lugar intermedio. Es decir, las actitudes psicopáticas y comportamientos afines son el resultado de la combinación de factores biológicos y fuerzas ambientales[42].

¿Qué le pasó a Él? Al principio de salir, vino a casa una tarde y me hizo una de sus grandes confesiones. Esto es algo habitual en

42. Hare, R. D. (1993), *op. cit.*

personas con este perfil: te cuentan algo doloroso y empatizas con ellas. De hecho, se me saltaron las lágrimas, pues no entendía cómo era posible que le hubiesen hecho daño a un chico tan genial. Me contó una de las historias más extrañas que he oído en mi vida.

Se sentó en el sofá de mi casa y empezó a decirme que sus padres no lo querían cuando era pequeño. Resulta que a su padre, según contaba, le habían echado una maldición: si se comía una ostra que le estaban ofreciendo, no tendría hijas, solo hijos.

El buen señor se comió la ostra y, a partir de ahí, decidió ir probando suerte con la fertilidad. Así, tuvo varios hijos varones con distintas mujeres. Después, conoció a la que sería la mujer definitiva y volvió a tener un niño, Él: se confirmaba la maldición, aunque después tuvieron dos hijas, y todo pareció haberse solucionado. Los padres de Él se llevaban bastantes años de diferencia, ella era mucho más joven. Según Él, no lo habían querido ni atendido hasta el nacimiento de su hermana.

Me contó que se había sentido abandonado, que sus padres no le habían hecho caso y que se había tenido que encargar del cuidado de sus hermanas. Además, al ir creciendo y elegir su profesión, sus padres le habían dicho que no era posible que lo consiguiera, por lo que había tenido que luchar contra viento y marea para convertirse en lo que deseaba, ser médico.

Sinceramente, me dio muchísima pena todo aquello, me enterneció, pensé que debía quererlo con todas mis fuerzas para llenar ese hueco sin pensar que era un agujero negro que iba a absorberme a mí. Entiendo que hiera sentirse poco querido de pequeño. Cada vez que Él entraba en crisis y se ponía hecho una fiera, yo intentaba comprender su mente a través de su infancia.

De pronto, Él conectaba con la realidad de nuevo y volvía a ser el mismo. Así en múltiples ocasiones, hasta que no pude más. De alguna manera, su infancia lo ha hecho ser quien es ahora, pero no es culpa mía ni de nadie.

MI CUMPLEAÑOS

He estado postergando varias partes de esta historia, momentos que me destruyeron y me siguen doliendo.

Cumplí treinta y seis años estando con Él. Fuimos juntos a elegir mis regalos, que eran ropa de deporte y unas gafas de sol, todo muy bonito.

Yo siempre disfruto mucho de la celebración de los cumpleaños. Es algo con mucho peso y tradición en mi familia y le ponemos mucho cariño. Por supuesto, quería que Él formara parte de mi día junto con mis amigos y mi familia, entendía que eso era lo normal, y me esforcé lo máximo posible para conseguirlo.

Entonces, decidimos celebrarlo también en su ciudad. Eligió para mí un restaurante con mucha solera, pero primero fuimos a un lugar de música electrónica muy bonito que elegí yo. Me puse lo más guapa posible.

Nos bebimos una copa, bailamos un rato y después nos fuimos al restaurante. Todo parecía ir bien, estábamos contentos y tranquilos.

Ya en el restaurante, se empeñó en que cenáramos arroz. Le intenté explicar que en España no se suele cenar paella o similares, pero le dio igual. Quería arroz y no cedió en su decisión. Eso me fastidió muchísimo, no sentirme atendida y cuidada.

El siguiente conflicto vino con la bebida. Él no quería tomarse una copa de vino y yo sí, y le molestaba que yo quisiera beber. Empecé a no disfrutar de mi cumpleaños, me veía coartada, castrada, cohibida…

Empezaba a dejar de ser yo. Ni mi cumpleaños era ya mi cumpleaños. ¿Quién iba a querer cenar paella? Me estaba borrando por completo: cenamos cosas absurdas, discutimos porque yo bebía vino y me hizo llevarme el que sobraba en una botella de agua para el día siguiente. Yo ya no quería estar allí.

Cuando los camareros trajeron los postres con las velas, vieron mi cara de tristeza, yo misma la podía sentir. Me estuvo haciendo fotos que ni conservo. Mantuve como pude la calma, conseguí no llorar, pero fue uno de los cumpleaños más tristes que he pasado. De hecho, al día siguiente me dijo que deberíamos ir a otro sitio, ya que en las fotos había salido con cara de pena y quería verme feliz.

Decidió llevarme a tomar unos gofres. Cada día me incomodaba más que hiciéramos cosas juntos, todo era una pugna; le gustaba hacerme sufrir con lo que fuera. Yo estaba cansada, pero no de la situación; estaba cansada de todo, de Él.

Al día siguiente, me fui a mi casa, respiré, intenté celebrar mi cumpleaños lo mejor posible, pero su nube negra lo ocupaba todo. No lo recuerdo como un cumpleaños feliz. No me hicieron feliz sus regalos, el restaurante, los gofres… Todo estaba vacío.

A partir de esa fecha, su manera de devaluarme era cada vez más severa, más constante. Dicen que, cuando ya tienen a otra persona en el punto de mira, empiezan a destruirte para que te marches o hagas que todo explote. A partir de noviembre, todo se empezó a complicar muchísimo.

NARCISISMO ESPIRITUAL

Abro un capítulo aparte. Él no es un narcisista cualquiera, es un narcisista espiritual. En boca de mi psicóloga, un psicópata con delirios mesiánicos. De hecho, empecé a desligarme de nuestra unión cuando comencé a verbalizar diferentes hechos con amigos y ponían caras de miedo. Incluso había gente que me pedía que les escribiera o llamara cada poco cuando estaba con Él para saber que me encontraba bien.

Tener creencias o ser espiritual no es ni bueno ni malo, es. Lo peligroso es utilizar esas creencias o esa supuesta espiritualidad para posicionarse por encima de otras personas, manipularlas, descolocarlas, hacerlas sentir inferiores...

Él era especialista en eso, en usar sus creencias para martirizarme. Yo soy católica, cosa que Él consideraba inferior. Su credo estaba por encima de Dios. Él creía en el Todo, en una especie de ser todopoderoso que todo lo sabía y todo lo cubría.

Fue muy al principio de la relación cuando empezó a hablarme del Todo, una de las primeras veces que fui a su casa. Esa noche lloré, pues no entendí nada, y sigo sin recordar bien aquella conversación.

Repetía frases pseudomísticas casi culpándome a mí del mal de todo el universo.

Es complicado escribir sobre esto, no es algo que recuerde con mucha claridad. Cuando te enfrentas a tal confusión, el cerebro parece desconectar, pasa de no entender nada a no querer hacerlo. Solo recuerdo que lloraba y mi única defensa era decir «yo soy buena persona». Él quería que yo evolucionara hacia no sé qué.

Todavía no sé qué esperaba de mí, tampoco me importa. Cada uno hace lo que puede cuando puede, y que alguien te empuje a creer no se sabe bien qué es peligroso, absurdo y presuntuoso, y hay que salir corriendo.

> En el mundo espiritual no religioso encontraremos lo mismo, aunque con otras manifestaciones, como es el caso del meditador, que va de elevado o de iluminado y que se compara con otros, compitiendo con ellos para mostrar que tiene más logros espirituales o que es capaz de meditar más y mejor.
>
> Parece que es el caso de algunos ejecutivos que se han apuntado a la moda de la meditación y que compiten entre ellos, en sus encuentros, acerca de quién medita más y mejor.
>
> También nos encontramos con personas que se vuelven en algún momento seres espirituales y que solo hablan del tema con exageración, imposición y superioridad, frente a los que consideran no espirituales[43].

—Abre el libro al azar –dijo, dándome el *Manual del guerrero de la luz*, de Paulo Coelho.

43. Rodríguez, M. (2021). *Más allá del narcisismo espiritual*. Bilbao: Desclée De Brouwer.

Lo abrí por una página cualquiera y me hizo leer en voz alta un párrafo que no comprendí. A partir de ahí, se desató un sinsentido.

—¿Entiendes lo que te está diciendo?

—Pues no, no entiendo, no me veo reflejada.

Insistió en que lo comprendiera. Decía que aquel párrafo me representaba y me estaba mandando un mensaje apocalíptico que debía captar y seguir. Así empezó una de las noches más terroríficas que pasé con Él. Cualquier persona en su sano juicio hubiera hecho una gracieta sin más con el tema, pero no, le iba la vida en aquel mensaje: debía cambiar mi vida, lo decía aquel dichoso libro de Paulo Coelho.

La verdad que es preocupante que alguien dirija su vida según un libro de Paulo Coelho. Aquel librito siempre estaba encima de su mesilla.

Le regalé otro, *El hombre en busca de sentido*, de Viktor Frankl, y mientras lo estuvo leyendo estaba en su mesilla, pero, al acabarlo, *El manual del guerrero de la luz* volvió a ocupar su espacio en la mesilla y en su vida.

Mucho tiempo después, cuando acabó toda esta siniestra historia y empecé a investigar sobre el narcisismo espiritual, hablé con una chica y de pronto me preguntó:

—¿Sabes si forma parte de los guerreros de la luz?

—¿Qué? ¿Cómo sabes eso?

De pronto, me acordé del libro y un escalofrío recorrió mi interior.

—Pues es un grupo que en teoría tiene como objetivo hacer el bien en la Tierra usando sus grandes conexiones espirituales, pero hay gente que también se dedica a hacer el mal. No todos se conocen, aunque existe ese movimiento grupal y global.

—Supongo. Él mencionaba ese concepto.

> Por narcisismo espiritual entiendo un conjunto de distorsiones del camino espiritual relacionadas entre sí, como la inflación del ego (el engrandecimiento del ego alimentado por las energías espirituales) y el materialismo espiritual (la apropiación de la espiritualidad para reforzar formas de vida egoicas).
>
> Tal como lo veo, el hilo común que une todas esas trampas es lo que llamo narcisismo espiritual (es decir, el mal uso de las prácticas, energías o experiencias espirituales para reforzar formas egocéntricas de existencia)[44].

Él se creía un elegido y me lo hacía saber. Aquella noche acabé llorando. No debería haber vuelto a su casa, pero regresé, aunque de alguna manera Él percibió que ese camino conmigo iba a tener un corto recorrido.

Un sábado por la mañana, recibí una llamada suya; como Él nunca me telefoneaba, me extrañó. Había tenido un accidente, un coche lo había atropellado tras saltarse un *stop*. Preparé mis cosas y salí hacia su ciudad sin pensarlo. Cuando entré en el hospital, tenía una mueca de odio en la cara porque no le había cogido el teléfono por el camino, pues no lo había oído.

Lo llevé a casa. No había ocurrido nada grave y allí pasamos el sábado, descansando y leyendo. A pesar de las cosas malas, siempre teníamos momentos de calma en los que parecía que disfrutábamos el uno del otro y encontrábamos puntos de conexión.

Él llevaba un tiempo queriendo ir a una constelación familiar. Ya que yo conozco a gente que se dedica a eso y que semanas atrás del golpe Él había decidido constelarse, justo nos dieron la cita para el domingo siguiente del accidente.

¿Qué es una constelación familiar?

44. Ídem.

Voy a intentar explicarlo de la forma más clara posible. Según el creador de las constelaciones familiares, Bert Hellinger:

> Son un procedimiento que ofrece una imagen ubicando en un espacio a personas en representación de miembros de una familia, de una empresa o de un producto como para poder leer una dinámica a partir de las personas colocadas una en relación con la otra[45].

Para que te hagas una idea, es un grupo de gente que se reúne en un centro al que alguien acude con un problema por resolver. Escoge de entre los asistentes a quienes van a representar a los personajes que encarnan su problema. A partir de ahí, el constelador o consteladora pone en marcha la acción mediante unas pautas y, en teoría, esas personas, a través de su sabiduría interna o energía, van desenvolviendo la madeja del conflicto hasta resolverlo en su origen.

Para que lo veas más claro, es como ir al teatro de tu vida sin que los personajes tengan guion.

Según el psicólogo Sergio García Morilla:

> Las constelaciones familiares no han sido nunca, bajo ningún protocolo experimental serio, contrastadas como una terapia que sea eficaz. Los resultados positivos que puedan dar son atribuibles a procesos de sugestión y a la empatía. Las constelaciones familiares son una forma de seudopsicoterapia cuyo modelo teórico se sustenta en ideas extraídas de otras pseudoterapias y creencias pseudocientíficas o mágicas. Defiende una visión muy antigua y conservadora de la familia, un ejercicio profesional muy poco especializado y *técnicas* altamente

45. Hellinger, B. (2017). *Constelaciones familiares*. Escuela Hellinger. Recuperado de https://www.hellinger.com/es/constelacion-familiar/

> sugestivas sin evidencia científica cuyo efecto no va más allá del placebo, pudiendo llegar a ser contraproducentes para sus participantes[46].

Él se empeñó en ir. Yo intentaba que descansara tras el accidente, pero llegó a decirme que las fuerzas del universo estaban conspirando para que no fuera a constelar, y Él tenía que ir. Insinuó que entre esas fuerzas estaba yo. El lugar en el que se organizaban las constelaciones era un sitio precioso, entre montañas, muy acogedor.

Al final, fuimos, pero se nos hizo un poco tarde porque habíamos ido a solucionar a comisaría el tema del accidente de la moto y, cuando llegamos, estaban en medio de una constelación. Desde fuera se oían llantos y alaridos. Entramos al rato y empezó todo.

Él fue el último en participar. Según me había contado, iba para solucionar temas del pasado con sus padres. Muchas de las personas que en la adultez son narcisistas perversas han tenido una infancia dura, pero insisto, esto no es excusa para tratar mal a la gente.

Mi sorpresa fue que, tras hablar de sus padres, salieron a escena tres de sus ex. Yo me mantuve al margen de aquello. Estaba de mera espectadora hasta que Él mismo reconoció que tenía un carácter muy exigente y que varias de sus ex y personas cercanas le habían dicho que su perfil era de maltratador psicológico.

En ese momento, deseé que me tragara la tierra, todo el mundo me miraba. La consteladora empezó a preguntar cosas.

—¿Ella es la que te ha traído aquí? –preguntó la mujer refiriéndose a mí.

—Sí, bueno, ya me lo habían comentado otras personas y *a la final* ha dado la casualidad de que ella me lo mencionó y vinimos.

---

46. García, M. (2017). *Constelaciones familiares, un peligroso método pseudocientífico*. Psyciencia. Recuperado de https://www.psyciencia.com/constelaciones-familiares-un-peligroso-metodo-pseudocientifico/

En fin, comenzó el proceso y las chicas que representaban a sus ex se pusieron a hablar. Cuando llegó el turno de la que personificaba a su última novia, dejé de estar en mí, dejé de escuchar, dejé de ser yo; empecé a llorar, no podía dejar de sollozar, y notaba la mirada de todas las personas en mí mientras me tapaba la cara y sentía el dolor de aquella pobre chica. Fue horroroso. Esa persona estaba relatando momentos de abuso muy dolorosos que había vivido su ex con Él, momentos que resonaban en mí y había podido vivir yo misma.

Él me vio llorar y no hizo nada. Fue uno de los momentos más desastrosos y significativos de toda la relación.

Cuando todo acabó, salimos al jardín y sirvieron la comida. Él estaba hablando por videollamada con sus padres. Todo el mundo me miraba. Yo notaba el peso de la vergüenza a mis espaldas, me sentía denigrada en público.

No recuerdo la conversación en el coche de vuelta, pero sí tener la misma sensación de siempre: no saber qué estaba pasando ni de qué me estaba hablando.

Fue ese mismo fin de semana cuando, tras irse a su casa, hablamos por teléfono y me colgó a mitad de la conversación. Se me heló la sangre. Creí que pondría el móvil a cargar y me llamaría, pero eso no pasó. Incluso llegué a pensar que le había ocurrido algo. Le escribí a través de varias redes sociales y no obtuve respuesta. Reapareció dos horas después diciendo que se había quedado dormido, sin disculpa alguna, y encima se molestó porque estaba preocupada. Esta fue la primera de las tres veces que me colgó el teléfono mientras conversábamos.

Estas situaciones son parte del refuerzo intermitente, una de cal y otra de arena, provocar en ti una sensación de dependencia brutal, de saber que en cualquier momento va a desaparecer y no le importa si sufres. Además, si encima lo cuestionas, te dirá que eres dependiente, que tienes celos patológicos y demás. Simplemente, disfrutan haciéndote sufrir.

Seguíamos juntos… A veces, veíamos películas sin mucho contenido y en otras ocasiones Él se encargaba de elegir algunas de un tema bastante concreto, normalmente de terror, espiritualidad o desapariciones. Las solía poner los domingos por la noche, supongo que para activar mi sistema nervioso e inquietarme.

Una tarde de domingo, me puso una película sobre un matrimonio que se había conocido mediante una aplicación de citas y ella era una auténtica psicópata. Cuando iba por la mitad, le pregunté si quería decirme algo con aquella sesión de cine. Se rio y cambió la película. ¡Qué curioso, me estaba tachando de psicópata! Intentaba que fuera yo quien se viera reflejada en la película.

Otra noche, me puso un documental sobre experiencias cercanas a la muerte. Me pareció interesante y basado en la ciencia, pero el segundo capítulo trataba sobre médiums. Era tarde y yo estaba cansada; además, me empezaba a dar miedo.

—¿Lo podemos quitar y nos vamos a dormir? No me está gustando.

—No te está gustando porque tienes temas pendientes con tu pasado.

Mi cara ante tales aclaraciones debía de ser apoteósica. Que me pusiese aquellas películas y series me generaba una gran ansiedad y luego tenía muchas pesadillas.

La espiritualidad fue una constante: la ruptura de la figura del Niño Jesús o que se me cayera el rosario antes de que tuviésemos relaciones sexuales… Entiendo que todo esto resulta difícil de encajar y pueden parecer fantasías o cosas inconexas.

Estábamos en otoño. Yo trabajaba por las mañanas y por las tardes, cuando ya se iba mejorando el confinamiento, hacía alguna presentación de actos o conciertos. Un productor se puso en contacto conmigo para que presentase la final de un concurso de nuevos talentos. Y estaba superfeliz, me apetecía un montón hacerlo.

En la radio, las cosas iban mal, así que no me lo pensé. Se lo dije y se entusiasmó. Consideraba que yo me buscaba bien la vida y que, en comparación con otras personas, era muy avispada en ese aspecto. En el tema laboral siempre me animaba muchísimo. Decía que yo era una persona muy activa y con muchos recursos y, a veces, que le sorprendía esa capacidad mía de salir adelante con lo que fuera. Eso me halagaba, era muy importante para mí.

A mí aquello me llamó la atención, pues normalmente los narcisistas te echan por tierra y te hacen de menos, sobre todo con las cosas que más te gustan, o con tu trabajo si sientes orgullo, pero en principio Él no era así. En principio.

Me preparé la presentación y le dije que ese fin de semana no iría a su casa, ya que acabaría tarde y al día siguiente no me apetecía levantarme temprano. La idea no le gustó e insistió en que preguntara si había entradas disponibles. Le compré una para que viniera; aunque a mí no me hace especial ilusión que me acompañe nadie mientras trabajo, me pareció bonito y significativo que quisiera venir.

Cuando llegó el día del evento, me puse un vestido fantástico, con mucho escote y tacones de color fucsia. Vi su cara, estaba contrariado. Por una parte, le gustaba verme así, pero, por otra, no. Nos saludamos y yo entré al camerino a prepararme, empezaba a trabajar. No estaba del todo cómoda con que Él hubiera acudido. Era como si, de alguna manera, supiese que iba a pasar algo.

La final del festival fue genial, muy divertida, y tocó el grupo de una chica que yo había entrevistado en la radio. Durante la última actuación, me bajé a las butacas para estar con Él. Ahí empezó todo.

—¿Qué tal? ¿Te ha gustado?

—Bueno, bueno, cariñito, luego hablamos.

—¿Qué pasa?

—Luego hablamos, cariñito.

—No, luego hablamos, no. ¿Qué pasa?

Ahí comenzó la ensalada de palabras narcisista espiritual, otra más, pero esa fue de las más fuertes y extrañas. Empezó a decirme que era muy insegura, que por eso titubeaba y me salían las cosas mal.

Era lo que menos deseaba oír de mi novio tras una larga jornada de trabajo. El gesto se me fue torciendo. Cuando acabó el concierto, buscamos algún sitio para cenar, pero todo estaba cerrado. Fuimos al centro, pero antes de llegar al hotel pasó algo. La conversación se puso cada vez más rara.

—Estás siguiendo el mismo patrón que mi ex, y si sigues así, cariñito, te voy a dejar.

—¿De qué hablas? ¿Qué patrón? No te entiendo.

—Sí, sigues un patrón, igual que mi ex, y si sigues así, te voy a dejar.

—¿Me puedes explicar qué patrón?

—Te avergüenzas de mí.

—¿Qué dices? Pero si eres tú el que se avergüenza.

Yo ya no sabía qué estaba pasando, y aún me pregunto por qué, pero de camino al hotel nos detuvimos justo delante de una iglesia. Allí se transformó en un monstruo. Le pregunté si me quería, si al verme había sabido que era yo su persona. Me dijo que no, que solo había sentido eso con una de sus ex, que era el «amor de su existencia».

Recuerdo esto como si fuera el mismísimo Satanás quien hablaba. Yo ya estaba llorando. A Él se le ennegrecieron los ojos. Levanté la vista y, al mirar a la iglesia, recordé que era el día de santa Bárbara, en diciembre. Allí estábamos.

Ya me había hablado un par de veces sobre ella, una señora de más de sesenta años con la que había tenido un *affaire*. Solo la había querido a ella y me lo estaba diciendo alto y claro. Era el amor de su existencia, significara lo que significara aquello.

La gente pasaba, nos miraba, nadie decía una palabra. Yo no entendía nada, así que decidí que ya estaba bien aquel espectáculo y nos fuimos al hotel. Pasé una noche terrible, casi no dormí, y al día siguiente, como en tantas ocasiones, parecía que allí no había pasado nada. Fue a comprar dulces en mi confitería favorita para desayunar y nos fuimos a su piso.

Debería haberme ido a mi casa aquella noche y haberlo dejado allí. Me amenazó muchas veces con marcharse de la habitación. Aquella noche marcó un punto de inflexión. Me sentí despersonalizada, sentía que estaba desconectando de mí misma para soportar esa situación, y aquello ya no tenía sentido. Él había puesto mi profesionalidad, algo tan íntimo e importante para mí, en entredicho, en la cuerda floja.

—¡Has estado con un psicópata, además de un sádico! –me dijo mi psicóloga en una de las sesiones.

Era terrible aceptar todo aquello, haber estado compartiendo cama con esa persona.

> Según el modelo triárquico de Patrick *et al.* (2009), la psicopatía se compone de tres rasgos principales: atre-

vimiento, desinhibición y mezquindad. Se sabe que los psicópatas sienten menos miedo que el resto de las personas, que tienen más dificultades para controlar sus impulsos y que su falta de empatía los lleva a utilizar a los demás en su beneficio.

Por su parte, Garrido (2000) divide la psicopatía en dos dimensiones: el área emocional e interpersonal y el estilo de vida. En la primera engloba signos como el egocentrismo, la tendencia a la manipulación y la falta de culpabilidad, mientras que entre los factores conductuales incluye la necesidad de estimulación, la impulsividad y la conducta delictiva. [...] Aun cuando llevan a cabo conductas que perjudican a otras personas; su falta de empatía emocional les permite cometer delitos o manipular a los demás sin remordimientos[47].

47. Torres, A. (s. f.). *Perfil psicológico de un psicópata en 12 rasgos inconfundibles. Psicología y Mente.* Recuperado de https://psicologiaymente.com/personalidad/perfil-psicologico-psicopata

NAVIDAD DE 2020

Llevo meses resistiéndome a escribir este capítulo. Me resulta increíble, ya ha pasado mucho tiempo. A veces me meto en la cama maldiciéndolo en voz alta. Él estuvo a punto de destruirme, de quitarme la humanidad que quedaba en mí. No lo consiguió, es imposible.

Él no tenía familia en España, pues vive en otro país. Se iba a marchar por Navidad, pero todos los trámites administrativos se retrasaron y no se pudo ir. Al ser mi novio, lógicamente hablamos de que pasaría la Navidad con mi familia. No iba a dejarlo solo cenando en esas fechas tan señaladas. Ojalá lo hubiera hecho.

Mis padres no lo conocían y Nochebuena parecía la ocasión perfecta. La verdad es que mi familia era un poco reacia, pero entendieron que era mejor que estuviera con nosotros en lugar de solo.

A media tarde, me llamó diciendo que se retrasaría, que había tenido una urgencia en el trabajo. Me empecé a poner nerviosa; siempre tenía la sensación de que me iba a dejar tirada, desde la tercera cita.

Al final, llegó a una hora prudente. Cuando empezamos a cenar, comenzó el espectáculo.

En casa no somos de grandes lujos culinarios, pues mi abuela falleció hace años en Nochebuena y solemos ser austeros. Tortilla de alcachofas, mejillones, jamón, carne asada y demás aperitivos; además, le había comprado su vino preferido. Probó la tortilla y dijo que no le gustaba. Nos quedamos helados, porque no lo hizo de manera educada. Después, se apropió de los mejillones. Los demás tuvimos que echar la comida en nuestros platos para que Él disfrutara del festín. Me parecía surrealista. Solo quería acostarme. Mis padres no sabían ni qué decir, fue una cena muy incómoda.

—Voy a dormir, tú duerme en esta habitación; mi padre no quiere que durmamos juntos.

—No, si no dormimos juntos, me voy.

Me hizo pasar uno de los apuros más grandes de mi vida. Dormimos en mi habitación con la sensación de que estaba faltándole el respeto a mi padre, que es lo que estábamos haciendo.

Al día siguiente, fuimos a andar al monte. Le iba contando que me gustaría escribir un libro. Era una conversación en apariencia normal. Él empezó a decirme que yo siempre estaba hablando de cosas que nunca hacía. Se metió por caminos difíciles; le encantaba eso, disfrutaba viéndome padecer. Llegamos a un santuario, donde estaban celebrando la misa de Navidad. Estuvimos un rato dentro.

—Vámonos, ya le he dicho a Dios lo que le tenía que decir –le conté medio en broma.

—¿Qué le has dicho?

—Nada, cosas mías.

—¿Qué le has dicho a Dios?

—Nada. Además, ¿a ti qué más te da? No eres creyente.

Él se rio y empezó el diálogo del absurdo.

—¿No soy creyente? Yo fui Judas.

Empezó a contarme una historia surrealista. Según Él, había sido el mismísimo Judas. Él y su amiga, el «amor de su existencia», eran hijos de la costilla de Dios y a lo largo de los años habían sido diferentes personajes, desde Judas hasta semidioses griegos.

Yo no quería preguntar ni gesticular. No entendía nada de lo que estaba diciendo, me parecía una auténtica locura. Según mi psicóloga, Él era un psicópata con delirios mesiánicos:

> Entendemos por delirio místico una alteración del contenido del pensamiento, producto de una interpretación anómala de la realidad, de temática religioso-espiritual. Como delirio que es, supone un juicio o idea inmodificable y fija que persiste con gran intensidad a pesar de la existencia de pruebas en contra, que suele generar un elevado nivel de preocupación o ansiedad en quien la padece (o impide a la persona su funcionamiento habitual) y que es como mínimo muy poco probable, habiendo además una completa falta de apoyo social o cultural a dicha idea.
>
> A menudo es producto de la interpretación de una percepción alterada (como una alucinación), y suele conllevar una cierta ruptura para con la realidad. En el caso que nos ocupa, el delirio en cuestión tiene un contenido vinculado a la espiritualidad y religiosidad. Se realiza una interpretación del mundo, de sí mismo y de los demás únicamente en base a la fe, viendo en todo lo que ocurre una confirmación de sus creencias y de la consideración de su papel en el mundo[48].

Cuando acabó de contarme su historia, le dije:

—Vamos, que se nos hace tarde para comer.

48. Castillero, O. (s. f.). *Delirio místico o mesiánico: síntomas, causas y tratamiento.* Psicología y Mente. Recuperado de https://psicologiaymente.com/clinica/delirio-mistico

Se empeñó en bajar del monte por el peor camino posible y, de pronto, se resbaló. Estoy segura de que lo hizo a propósito.

—¡Levántame!

—Sabes que no puedo contigo.

—¡Levántame!

Me tuve que agarrar a un árbol y tirar de Él, a sabiendas de que me podía despeñar ladera abajo.

—¿Has entendido la metáfora?

—¿Qué metáfora?

—Que yo no puedo hacerlo todo solo, necesito ayuda.

Estaba aterrada.

> Es de un disciplinado de la mente en el contexto de una relación de pareja, no solo afectiva, sino también de maestro-discípulo, profesor-alumno, vidente-cliente, consejero-cliente o terapeuta-paciente. En estas situaciones de un modo u otro existe una relación de poder desigual. […] En el caso de parejas que quedan aisladas dentro de una relación sectaria, el recorrido más frecuente es el de una persona que asegura tener un don o unas capacidades superiores y que convence a su *partenaire* de que entrar en la relación le ayudará a evolucionar o a trascender, al mismo tiempo que se va aislando a la persona y se la desconecta de su pasado (familia, amigos, estudios, trabajo).
>
> El componente ideológico es esencial como nota diferencial con otras dinámicas de relación abusivas emocionalmente. […] se exige una adhesión incondicional[49].

49. Perlado, M. (2020). *¡Captados! Todo lo que debes saber sobre las sectas. Qué son, cómo funcionan, cómo ayudar*. Barcelona: Ariel.

> En los estudios sobre el tema se señala que, entre todos los trastornos presentes en un gran número de líderes de sectas, los rasgos que sobresalen con más frecuencia e importancia son los narcisistas y paranoides. Como veremos, no se trata de características que funcionen como alternativa, sino que un mismo sujeto puede tener rasgos tipificados como propios de uno u otro trastorno, asociándose y solapándose dentro de la complejidad de la figura del dirigente sectario. Si nos detenemos en la personalidad narcisista, destaca por una autocomprensión en clave de grandeza, dándose gran importancia y atribuyéndose muchos méritos, sabiduría, cualidades y talentos.
>
> De esta forma, el individuo narcisista es poco sensible a las necesidades de los demás y las interpreta en clave de debilidad, aprovechándose de esta misma debilidad para sus propios intereses.
>
> Una persona así no es capaz de asumir las críticas racionalmente, ni tampoco sus propios errores, por lo que proyectará sobre los otros la culpabilidad. Además, el establecimiento de relaciones en un líder sectario narcisista dependerá de la sumisión de sus interlocutores a su propio capricho o de que puedan servirle para conseguir sus propios objetivos[50].

Después del episodio en el monte, fuimos con mi padre a recoger unas naranjas y unos limones a la huerta de mi madre. Mi padre le dio las tijeras de podar, y Él cogió lo que le apeteció.

—Esto, para mis amigos del gimnasio –dijo.

---

50. Santa María, L. (2020). *Psicopatía y sectas*. En Santiago Herrero, Francisco J. *La psicopatía. Un enfoque multidisciplinar*. Madrid: McGraw Hill.

Mi padre me miró, molesto, con esa cara que entendemos sin necesidad de hablar.

«¡Qué poca vergüenza!», pensaría. Él llenó sus dos cajas y nos fuimos. Las naranjas eran para su amiga, para la dueña de la goma para el pelo, la que había ido a su casa cuando Él había recogido todas mis cosas del cuarto de baño. Le estaba llevando naranjas y limones de mi familia a su amiga especial.

Volvimos a casa y, si digo la verdad, no recuerdo ni qué comimos, solo quería que pasara la Navidad lo antes posible. Después de comer, Él se echó a dormir: primero, en el sillón de mi padre; luego, en el sofá. Estuvo durmiendo hasta bien entrada la tarde, incluso tuve que despertarlo. Me daba muchísima vergüenza todo aquello, que una persona desconocida se estuviera comportando así.

Reclamaba todo el tiempo mi interés, me agarraba, me besaba, pedía cariño con insistencia. Esto se lo conté a mi psicóloga en terapia y me explicó que era un comportamiento habitual en este tipo de personalidades: suelen reclamar atención de manera excesiva y en muchos aspectos.

Una semana después, se repitió la misma historia en Nochevieja, pero ya con experiencia, mala experiencia. Además, se sumó su cumpleaños. Fuimos a celebrarlo a un restaurante bonito, comimos muy bien y pedimos postres. Cuando le trajeron las velas, empezó a llorar como un niño.

Nunca entendí esos puntos, cómo alguien así conectaba a veces con otra persona y le afloraban los sentimientos. Aunque todo acababa enseguida.

Le regalé un montón de cosas: un libro, una camiseta de marca, unos auriculares y una tarta hecha por un confitero de su país. No recuerdo casi nada de la cena; de después, solo incomodidad. Mi cerebro ha borrado esa noche.

En Año Nuevo, estuvimos en mi casa y por la tarde fuimos a tomar café con unos amigos. Sus padres tienen una confitería y nos encontramos allí. Él se pasó toda la tarde sin decir nada; bueno, no exactamente. Nosotras nos pusimos a charlar sobre una señora que está en todos los eventos habidos y por haber de nuestra ciudad y mi amiga contó una anécdota sobre ella.

Mi amiga recordaba cómo en un congreso habían preguntado qué parte de su cuerpo les gustaba más, y esta señora había afirmado que sus pechos eran su bien más preciado. Los ojos de Él se volvieron fuego y consiguió que mi amiga le enseñara fotos de esa mujer. Él devoró todo el Facebook de la chica en cuestión hasta determinar que sí, que la delantera era digna de halagar.

Yo no sabía dónde meterme y mis amigos no sabían qué decir ante tanta insistencia por verle el busto a una desconocida. Tras el bochorno, seguimos tomando café y Él se comió un gran pedazo de tarta (a veces se saltaba su estricta dieta).

Al acabar, pidió con voz seria la hoja de reclamaciones. Mis amigos no sabían qué pensar, y yo tampoco. No tenía claro si era en serio o si era broma. Su especialidad era hacer sentirse incómodo a todo el mundo.

—Has hablado poco.

—Es que sois periodistas, de qué voy a hablar.

—Hemos charlado de cualquier cosa, redes sociales, noticias de actualidad…

SU CUMPLEAÑOS

Le estaba preparando una cena sorpresa de cumpleaños con sus compañeros del gimnasio, pero tardé bastante en organizarla porque cada uno tiene su vida y sus compromisos. Como coincidía con Año Nuevo y yo trabajaba los fines de semana, era bastante complicado.

Al final, encontramos un domingo por la tarde para cenar en uno de nuestros lugares favoritos. Como ya he dicho, me gustaba celebrar los cumpleaños por todo lo alto y, a pesar de todo, Él seguía siendo importante para mí y era una forma de demostrar que nos importábamos.

Cuando llegamos, sus amigos gritaron «¡sorpresaaaaaaa!». Se quedó contrariado, casi molesto. Saludó a todos y dijo que le parecía extraño haber coincidido con ellos.

—Es una sorpresa por tu cumpleaños.

—Habéis quedado a cenar sin mí y nos hemos encontrado.

—Es una sorpresa, la llevo organizando días.

Sus amigos se tomaron aquello a broma, pero no lo era. En realidad, estaba molesto porque pensaba que se habían reunido a cenar y no le habían avisado.

Cuando llegó el turno de los regalos, le dieron una camiseta serigrafiada para entrenar. Su amiga, la dueña de la goma de entre las sábanas, le dio una sidra, como aquella que había una noche en su nevera la noche que recogió mis cosas. Sonreí, todo encajaba. Continuamos cenando, pero Él seguía sin creer que aquello fuese una sorpresa por su cumpleaños.

—He estado organizando esto con tus amigos durante estas semanas.

—¡Ah, por eso estabas hoy tan pendiente del móvil!

No podía creer que dudara de que aquello lo habíamos organizado con tanto cariño y que encima me recriminase que estuviera pendiente del móvil. Seguimos cenando en aparente tranquilidad hasta que llegó la hora de pagar.

Sus compañeros dijeron que tenía que pagar Él, pero nos explicó que, en su país, siempre se invita al cumpleañero. Para mis adentros, pensé que yo ya había pagado bastante y no iba a poner ni un euro más. Sus amigos no podían creerse que estuviera escatimando con una cuenta que no llegaba a los sesenta euros después del esfuerzo y del regalo. Él siguió obcecado en que pagase yo.

Al final, cada uno pagó lo suyo. Entonces, llegó mi momento, un quemar la santabárbara que me iba a traer consecuencias, que ya me daban bastante igual. Cuando el camarero apareció con el terminal de pago, puse mi tarjeta y aboné mi parte. Él empezó a hacer aspavientos; jamás habría esperado que yo hiciera eso.

Sus colegas nos miraron extrañados. Él hablaba entre dientes y a mí me empezaba a temblar la mano, pero no estaba dispuesta a pagar aquello de ninguna manera. Su amigo, con el que había estado organizando la cena, me miró y, de algún modo, creo que entendió lo que estaba pasando. Bajé la mirada y salimos a la calle.

Yo sabía que esa era la última vez que los iba a ver. Nos despedimos, nerviosos, y ahí se desencadenó otro triste espectáculo de camino al coche. Empezó a soltar incongruencias y yo estaba harta de todo ese tema del más allá. De alguna manera, provoqué aquello. Empezó a recriminarme que yo no había pagado su cena.

A decir verdad, le dije que había sido una confusión y que había entendido que cada uno se pagaba lo suyo. Nada de eso, lo había hecho a conciencia; estaba cansada. Siguió chillando en mitad de la calle, sacando su veneno. Dijo que mis regalos no le gustaban, que no le comprara más libros porque no leía, que las camisetas que le regalaba en el fondo eran para mí.

—¿Qué pasa, nunca has tenido un cumpleaños así? ¿En casa no te mostraban tanto cariño? –le pregunté.

Y entonces salió a escena esa otra persona, había aparecido Él de niño, alguien que había existido alguna vez en algún sitio, pero que ya no estaba. Empezó a llorar y a mirar al infinito. Nos fuimos a casa y yo también acabé llorando con los ojos secos. No quería seguir en esa relación. Me marché a mi ciudad al día siguiente.

HASTA AQUÍ

Yo iba a yoga por las noches y siempre lo llamaba al salir. Esa vez, su teléfono comunicaba, así que llamé un rato después: seguía comunicando. Así desde las nueve y media hasta casi la una de la madrugada. Yo ya no estaba tranquila como cuando había salido de yoga. Sabía que Él estaba hablando con el amor de su existencia, lo intuía. Le escribí:

—¿Vamos a hablar hoy o ya mañana?

—Ahora te llamo, cosita.

Yo me tenía que levantar muy temprano y estaba muy cabreada. Dejé el teléfono en el suelo un segundo y me llamó, pero no me dio tiempo a cogerlo. Le devolví la llamada y volvió a comunicar. Al cabo del rato, vi que me había dejado un mensaje de voz y, más tarde, por fin pude hablar con Él, casi a las dos de la madrugada.

—¡Hombre! ¿Qué tal? ¿Qué se cuenta el amor de tu existencia?

De manera instintiva yo sabía que estaba hablando con ella; durante las últimas semanas su conversación siempre giraba en torno a ella.

—Nada, hemos estado hablando, que hacía tiempo que no charlábamos.

—¿Ah, sí? ¡Qué bien!

Durante la conversación, yo ya no tenía ganas de escuchar nada. Me dijo que yo era una celosa.

—Sí, lo soy. No veo por qué llevas hablando con tu ex, o lo que sea, desde las nueve y media y no eres capaz ni de enviarme un mensaje.

—Cariñito, yo te quiero mucho, pero, si sigues así, te voy a tener que dejar.

—Repítelo, repite lo que acabas de decir. Porque esto se acaba aquí –le dije.

Y colgué el teléfono. Todo mi ser se había alineado, lo que sentía, lo que pensaba, lo que quería. Y no era aquello, no quería a ese ser capaz de despeñarme, de intoxicarme, de maltratarme. Dormí lo que pude, liberada, y al día siguiente me fui a trabajar. Les conté a mis compañeros de la radio lo que había pasado. Aquello era el fin. Cuando llegué a casa, me apoyé en el quicio de la puerta de la cocina.

—Ya está, lo he dejado, no aguantaba más –confesé.

Empecé a llorar mientras mi madre me miraba entre extrañada y aliviada. Se lo conté todo.

—Hija, ¿por qué no nos habías contado todo esto? A nosotros nos daba mala espina, pero no queríamos decir nada.

Escribí a mis seres cercanos y les conté que lo había dejado. Mi teléfono no paraba de sonar, todos mis amigos me apoyaron y respiraron aliviados.

Empecé a ir a la psicóloga, necesitaba poner en orden todo aquello. Poco a poco, fui entendiendo qué había pasado y, de alguna manera, descansé. Además, creé una bonita rutina: ir al monte cada mañana a leer y a pasear, y comencé a grabar un videoblog para hablar de narcisismo y difundir qué me había pasado; aquello me ayudaba a entenderlo todo.

Los días pasaban tranquilos, aunque en la radio el ambiente era insoportable. Mis compañeros no podían más y yo tampoco. Volví a trabajar los fines de semana como teleoperadora en un antiguo puesto. La situación cada vez era peor, insostenible, y a mí se me juntaba con todo lo que me estaba pasando, pero lo llevaba como podía, hasta que no pude. Retomé el deporte, la lectura, seguía con yoga –esto y tomar el sol me salvó–, comía bien, veía a mis amigos y amigas, a mis padres, a mi psicóloga.

Recuerdo que hablaba de la historia sin parar y con todo el mundo. A veces, para no molestar, me grababa en audio y abrí un documento de Word para anotar todo lo que me pasaba. En mi mente, se repetían las situaciones una y otra vez, tenía *flashbacks* constantes.

ESTRÉS POSTRAUMÁTICO COMPLEJO

En nuestra vida cotidiana, cualquiera de nosotros puede tener una experiencia abrumadora, aterradora y que escape a nuestro control. Podríamos encontrarnos en un accidente de coche, ser víctimas de un asalto o ver un accidente. Los policías, bomberos y trabajadores de ambulancias son más propensos a tener tales experiencias, ya que a menudo deben hacer frente a escenas horribles. A los soldados les pueden disparar o sufrir una explosión, así como ver a amigos muertos o heridos. La mayoría de la gente, con el tiempo, supera las experiencias de este tipo sin necesidad de ayuda.

Sin embargo, en algunas personas, las experiencias traumáticas desencadenan una reacción que puede durar muchos meses o años. Esto se conoce como trastorno por estrés postraumático o TEPT para abreviar.

Lo sufren quienes han experimentado negligencia grave o abuso tanto de adulto como de niño en repetidas ocasiones, violencia reiterada o abuso grave en la edad adulta, como tortura o encarcelamiento abusivo. A esto se llama trastorno por estrés postraumático complejo.

¿Qué se siente al tener un TEPT?

Mucha gente se siente desconsolada, deprimida, ansiosa, culpable y enfadada después de una experiencia traumática. Además de estas reacciones emocionales comprensibles, existen tres tipos principales de síntomas:

- *Flashbacks* y pesadillas. Uno puede encontrarse reviviendo el suceso una y otra vez. Esto puede ocurrir en forma de *flashback* por el día o como pesadillas durante el sueño. Estas pueden ser tan reales que uno se siente como si se estuviera viviendo la experiencia de nuevo. Uno puede verlo en su mente, pero también se pueden sentir las emociones y sensaciones físicas de lo que ocurrió: miedo, sudoración, olores, sonidos, dolor.
- Los eventos cotidianos pueden desencadenar *flashbacks*. Por ejemplo, si usted tuvo un accidente de coche con lluvia, un día de lluvia podría provocar un *flashback*.
- Evitación y embotamiento. Como puede ser terrible revivir su experiencia una y otra vez, uno tiende a distraerse. Se puede mantener la mente ocupada en un *hobby*, trabajando muy duro o pasando el tiempo absorto en crucigramas. Se evitan los lugares y a las personas que le recuerdan el trauma y se trata de no hablar de ello. Uno puede lidiar con su dolor, tratando de no sentir nada en absoluto, consiguiendo casi una insensibilidad emocional. Puede comunicarse menos con otras personas a las que, entonces, se les hace difícil vivir o trabajar con usted.
- Estado de guardia. Uno se encuentra alerta todo el tiempo, como si estuviera buscando el peligro. No puede relajarse. Esto se llama hipervigilancia. Puede sentirse ansioso y que le cueste dormir. Otras personas pueden notar que está nervioso e irritable[51].

---

51. Royal College of Psychiatrists. (s. f.) *Afrontamiento después de un evento traumático.* Recuperado de https://www.rcpsych.ac.uk/mental-health/translations/spanish/coping-after-a-traumatic-event?searchTerms=tept

Durante mucho tiempo, tuve *flashbacks*, pérdida de memoria, sensación de vivir en una realidad paralela, embotamiento... Me iba recuperando poco a poco, me cuidaba, me cuidaban, cada semana visitaba a mi psicóloga y los sábados seguía desempeñando un trabajo en remoto que me mantenía ocupada.

> La violencia ejercida contra las mujeres por parte de su pareja o expareja es una forma de violencia interpersonal basada en el género, la cual representa una de las principales causas de muerte y discapacidad en todo el mundo [...]. Por esta razón, la Organización Mundial de la Salud [...] destaca este tipo de violencia como un problema de salud internacional prioritario.
>
> En este terreno, múltiples términos han sido empleados como sinónimos para nombrar este tipo de violencia específica. En el presente documento usaremos el término *violencia de género* [...], similar en inglés a *intimate partner violence*, haciendo referencia a un tipo de violencia contra las mujeres llevada a cabo por parte de sus parejas actuales o anteriores.
>
> En esta línea, la violencia de género se refiere a cualquier acto dentro de la relación íntima que causa daño físico, psicológico o sexual, incluyendo actos de violencia física como bofetadas, golpes, patadas y palizas; violencia sexual, incluyendo sexo forzado y otras formas de coacción; abuso emocional (psicológico) como insultos, menosprecio y humillación constante; intimidación, amenazas de daño, amenazas de llevarse a los hijos o hijas; y el control del comportamiento, como el aislamiento de la familia y amistades y vigilar sus movimientos [...].
>
> En el terreno de la salud mental, las mujeres que sufren este tipo de violencia tienen, además, un mayor riesgo de padecer depresión, ansiedad, alteraciones del sueño, ideación autolítica y desórdenes de la personalidad

[...]. Más recientemente, se ha mostrado que las mujeres supervivientes también presentan alteraciones cerebrales y neuropsicológicas a causa de la violencia de género [...].

Dichas alteraciones se han relacionado con los citados problemas de salud mental, funcionamiento cognitivo, dolor y alteración de la respuesta a sensaciones de amenaza [...].

La definición actual de TEPT abarca síntomas de intrusión y reexperimentación, evitación, alteraciones del estado de ánimo y la cognición y actual sensación de amenaza tras una experiencia traumática (DSM-5, 2013).

El tipo de evento traumático sufrido puede estar relacionado con la manifestación posterior y la gravedad de este trastorno de una manera u otra. Por ejemplo, los tipos de experiencias traumáticas que están asociados con un mayor riesgo de provocar este trastorno son aquellos que implican violencia interpersonal.

Es decir, cuando una persona sufre un abuso, violación o ataque deliberado por otra persona o personas. Esto se da, por ejemplo, en situaciones traumáticas como la violación y otras formas de agresión sexual, violencia de género y secuestro [...]. De esta manera, la violencia de género es una de las causas más frecuentes de trauma interpersonal que conducen al trastorno de estrés postraumático[52].

---

52. Fernández, C., Pérez, M. e Hidalgo, N. (2020). *Estrés postraumático complejo en mujeres supervivientes de violencia de género: Un objetivo para la intervención psicosocial.* Encuentros en Psicología. Monográfico Psicología de la Intervención Social. Revista del Ilustre Colegio Oficial de Psicología de Andalucía Oriental. Recuperado de: chrome-extension://efaidnbmnnnibpcajpcglclefindmkaj/https://www.copclm.com/wp-content/uploads/2021/04/Monograifco-Psicologia-Intervencion-Social.pdf

FIN

Me tomé vacaciones del trabajo del fin de semana y decidí dimitir de la radio; no podía sostener aquello. De pronto, no tenía novio, no trabajaba de periodista, había perdido amigos… No era yo.

Mi vida se ralentizó, por así decirlo, pero empecé a conocerme, a conocer a mi madre, a mi padre y a los amigos que conservaba, empecé a quererme y a decir no. Recuerdo el sol del monte, leer mirando mi ciudad desde arriba, me acuerdo de llorar sin consuelo…

Por el camino, perdí a gente importante, pues no es fácil gestionar todo esto. No voy a decir que echo de menos a esas personas ni estar en contacto con ellas; no es cierto, estoy mejor así. No es ni bueno ni malo; simplemente, sus valores y los míos ya no son los mismos, y tampoco lo eran en aquel entonces. Hay momentos en los que hay que dar la talla, sin más. Ahora respiro mejor.

Y, paso a paso, la vida fue volviendo. Leía muchos libros sobre psicopatía, dejé alguno que otro a medias, algunos otros, me instruía a través de vídeos… Mi psicóloga me ayudó muchísimo y un viernes me dio el alta. Me fui a uno de mis restaurantes favoritos y me comí un *ramen*.

Poco a poco, fui contando a personas que no sabían nada lo que había ocurrido. Debo decir que mis amigos y mis padres han estado brillantes. No desfallecieron ni un momento cuando yo sí que lo hacía. Nadie se cansó de escucharme durante horas y horas hablando de la misma historia, al contrario.

Vuelvo a llorar escribiendo esto.

Estoy viva gracias a los que me apoyaron. En estos procesos, nuestra red cercana desempeña un papel fundamental. Todo lo que pasa no es fácil de contemplar, y muchos no tienen apoyo o no es el que se esperaría. Yo os doy gracias a todos vosotros por estar ahí y a ti que estás leyendo esto.

Escribir estas memorias no ha sido algo sencillo. Mi proceso de recuperación es algo evolutivo, esto no es algo que se me vaya a olvidar. He seguido buscando respuestas a algunas cosas.

Durante muchos días, tuve miedo de que Él contactara conmigo. Tardó justo un mes en hacerlo después de romper. Un sábado, al acabar la jornada del trabajo de los fines de semana, me eché en la cama y vi su mensaje. Me escribió por Instagram: «Me haría mucho bien saber cómo tú te encuentras». Crucé algunas palabras y lo bloqueé y ahí acabó todo, nunca más supe de Él.

Sin embargo, pasaba el tiempo y tenía algunas dudas, quería saber si a otra novia suya le había pasado lo mismo. Como sabía quién era y cómo encontrarla, una tarde me envalentoné y le escribí por Instagram. No tardó en contestarme.

—Gracias por escribirme, llevaba tiempo pensando que estaba loca –me contestó.

Estuvimos hablando cerca de una hora por chat. Le había sucedido una historia similar a la mía; no me lo podía creer, o en parte sí. Él había ido dejando un reguero de cadáveres a su paso. De hecho, me contó que durante todo el tiempo que estuvimos juntos, Él estaba con otra chica de Madrid.

También quise saber qué cara tenía el amor de su existencia, y la encontré: una señora de unos sesenta y cinco años, divorciada y con nietos.

Todo el círculo se ha ido cerrando y he ido volviendo a la normalidad.

Me volvieron a contratar de nuevo para presentar la final del certamen de canción de autor, aquel después del que me gritó en mitad de la calle. En esta ocasión, al acabar me esperaban mis amigos para irnos de cervezas, tan contentos después de haber disfrutado muchísimo.

Gracias. He vuelto a ser yo.

EPÍLOGO: DECIR LO INDECIBLE

José Lorente Guillén,
escritor, licenciado en Filología Hispánica y profesor

Acabamos de asistir al relato en primera persona de la desintegración de la identidad, consecuencia de una violencia externa, continuada y metódica. La autora realiza un ejercicio de desnudez para contarnos paso a paso su calvario dentro de una relación abusiva.

El poder terapéutico de la palabra está ampliamente comprobado, pero la importancia de un libro como este va más allá: necesitamos relatos de víctimas así, necesitamos historias sobre el trauma y el abuso y necesitamos mujeres que se alcen y constituyan un testimonio.

Porque en muchas ocasiones el lenguaje es el arma de los agresores para ejercer la violencia, pero también es el camino de las víctimas para escapar de ella. A lo largo del libro, la autora hace hincapié en la dificultad para hacer entender a la gente «de fuera» aquello por lo que estaba pasando.

Nos habla de las caras de sus interlocutores cuando les relataba algún episodio desagradable y del mantra con el que muchos todavía cierran los ojos cuando la violencia está ante ellos: «¿Por qué no te marchaste corriendo, por qué no lo dejaste antes?». Hay un momento en toda relación abusiva en que la lógica de la víctima se tambalea por intoxicación de la lógica alucinada del agresor.

De pronto, la realidad misma se convierte en algo voluble. En ese territorio inestable, el lenguaje, la búsqueda desesperada de comunicación, puede ser un ancla a tierra, pero el acto de arrojar esa ancla y conseguir que llegue a algún lugar es difícil y extremadamente doloroso.

Expresar lo inexpresable, bien lo sabía san Juan de la Cruz, es la génesis de todo lenguaje poético, la barrera que hay que romper.

Creo que ese es el reto y el gran acierto de este libro. Umberto Eco acuñó el término *lector modelo* para referirse al lector previsto por el autor de una obra narrativa, aquel con las destrezas y referencias culturales adecuadas para descodificar todo el significado de un texto. Hay libros donde el autor no necesita pensar mucho en su lector modelo porque están destinados a un público lo más amplio posible.

Sin embargo, en este libro la sombra de un lector concreto está muy presente, hasta el punto de que la autora se dirige numerosas veces a ella en segunda persona. Se trata de una mujer (siempre se utiliza el femenino), víctima o potencial víctima de maltrato psicológico.

Ellas son quienes realmente entenderán esos pasajes donde la lógica se tambalea. Ellas asentirán donde otra gente diría: «¿Por qué aguantaste todo eso?». En este sentido, este libro puede ser una advertencia y ayudar a identificar el *modus operandi* de un perverso narcisista, pero, sobre todo, puede ser un bote salvavidas para mujeres inmersas en una relación abusiva que, de pronto, se vean reflejadas en los episodios que se narran, que adviertan un patrón en el comportamiento de algún ser cercano. Son ellas las lectoras modelo del libro y, me atrevo a decir, también su razón de ser.

Finalmente, además del relato en primera persona y las imprecaciones en segunda a una lectora modelo, el tercer pilar sobre el que se construye este libro es la erudición: hilvanadas con la narración autobiográfica encontramos numerosas reflexiones, conceptos procedentes de estudios psicológicos y citas que nos ayudan a poner nombre y analizar aquello que estamos presenciando. Porque, después de contar, lo importante es entender, deconstruir y volver a montar. Es mucho más fácil reconocer un peligro cuando ya le has puesto nombre.

Es este un libro con pocos momentos luminosos. Se trata, literalmente, de un descenso a los infiernos, por lo que no hay espacio para la alegría, pero al final encontramos un instante de gran hermosura, tan breve que casi podría pasar desapercibido: cuando la autora se pone en contacto con la exnovia de Él solo para compartir la historia de cada una y descubrir cuántas cosas tenían en común. «Gracias», dice ella, «llevaba tiempo pensando que estaba loca».

Ese es el instante en que comienza la sanación: cuando ambas se convencen de que todo lo que han vivido ha sido real y de que no están solas. Por primera vez, se atisba una salida.

En ese momento, al borde de la luz de un nuevo día, al comienzo del largo camino para volver a ser ella misma, la autora se despide de nosotros. Queda mucho por recorrer e intuimos que no será fácil, pero el primer paso se ha dado y la semilla de este libro está plantada. Lo que venga después será otra historia.

BIBLIOGRAFÍA

Alvarado, L. (s. f.). *¿Sufres el síndrome de la rana hervida con tu pareja? Las seis pistas que te ayudan a detectarlo.* Recuperado de https://lidiaalvarado.com/sufres-el-sindrome-de-la-rana-hervida-con-tu-pareja#respond

Ayala, M. F. (12 de septiembre de 2016). *Sexo narcisista: servirse del otro para uno mismo no es bueno. Efe Salud.* Recuperado de https://efesalud.com/sexo-con-narcisista-placer-del-otro/

Bietti, L. M. (2009). *Disonancia cognitiva: procesos cognitivos para justificar acciones inmorales.* Ciencia Cognitiva: Revista Electrónica de Divulgación. Recuperado de: http://www.cienciacognitiva.org/files/2009-3.pdf

Blázquez, E. (2021). *El reforzamiento intermitente en la relación de pareja.* Recuperado de https://epsibapsicologia.es/el-reforzamiento-intermitente-en-la-pareja/

Bucay, J. *La princesa busca marido.* https://www.youtube.com/watch?v=hQHg Eltz9RU

Carretero, N. (23 de noviembre de 2017). *Luz de gas, el maltrato machista que nadie parece ver.* El País. Recuperado de Carretero, N. (23 de noviembre de 2017). «Luz de gas, el maltrato machista que nadie parece ver». *El País.* Recuperado de https://elpais.com/politica/2017/09/15/actualidad/1505472042_655999.html

Castillero, O. (s. f.). *Delirio místico o mesiánico: síntomas, causas y tratamiento.* Psicología y Mente. Recuperado de https://psicologiaymente.com/clinica/delirio-mistico

Fernández, C., Pérez, M. e Hidalgo, N. (2020). *Estrés postraumático complejo en mujeres supervivientes de violencia de género: Un objetivo para la intervención psicosocial.* Encuentros en Psicología. Monográfico Psicología de la Intervención Social. Revista del Ilustre Colegio Oficial de Psicología de Andalucía Oriental.

Recuperado de: https://www.copclm.com/wp-content/uploads/2021/04/Monograifco-Psicologia-Intervencion-Social.pdf

García, M. (2017). *Constelaciones familiares, un peligroso método pseudocientífico.* Psyciencia. Recuperado de https://www.psyciencia.com/constelaciones-familiares-un-peligroso-metodo-pseudocientifico/

González, M. (27 de noviembre de 2020). *Gaslighting, la forma de abuso que te hace creer que vives otra realidad.* ABC. Recuperado de https://www.abc.es/bienestar/psicologia-sexo/psicologia/abci-gaslighting-forma-abuso-hace-creer-vives-otra-realidad-202011270117_noticia.html

Gurdián, N. (s. f.). *Gaslighting: el abuso emocional más sutil. Una forma de manipulación utilizada para hacer que la víctima dude de su propio criterio.* Psicología y Mente. Recuperado de https://psicologiaymente.com/social/gaslighting

Guerra, P. (28 de enero de 2021). ¿Estás saliendo con un narcisista? Las seis pistas que te ayudan a detectarlo. La Razón. Recuperado de https://www.larazon.es/ lifestyle/20210128/4ovukytjhjestjgyg4zaupwz6q.html

Guzmán, G. (s. f.). *Schadenfreude: ¿Por qué aparece la satisfacción ante problemas ajenos?* Psicología y Mente. Recuperado de https://psicologiaymente.com/psicologia/schadenfreude

Hare, R. D. (1993). *Sin conciencia: El inquietante mundo de los psicópatas que nos rodean.* Barcelona: Paidós.

Hellinger, B. (2017). *Constelaciones familiares.* Escuela Hellinger. Recuperado de https://www.hellinger.com/es/constelacion-familiar/

Hirigoyen, M. F. (1999). *El acoso moral: El maltrato psicológico en la vida cotidiana.* Barcelona: Planeta.

Hochenberger, K. L. (30 de marzo de 2022). *El ciclo narcisista de abuso. Psychology Today.* Recuperado de: https://www.psychologytoday.com/es/blog/el-ciclo-narcisista-de-abuso

Huye de tu Narcisista (2020). *El ciclo narcisista.* Recuperado de: https://huyedetunarcisista.com/el-ciclo-narcisista/

Jiménez, M. (12 de julio de 2014). *No funcionan en el amor, sí en el sexo: por qué los narcisistas son tan buenos en la cama.* El Confidencial. Recuperado de https://www.elconfidencial.com/alma-corazon-vida/2014-07-12/por-que-los-narcisistas-son-buenos-en-la-cama_153459/

Landeira, L. (18 de enero de 2017). *Cómo descubrí que mi pareja me engañó y cómo reaccioné. 20 confesiones.* El País. Recuperado de https://elpais.com/elpais/2017/01/13/icon/1484330359_872072.html

Libres del Narcisista (2020). *La crítica del narcisista: El gota a gota* [vídeo]. YouTube. Recuperado de https://www.youtube.com/watch?v=lPBNvLyBSTQ

Moreno, S. (23 de junio de 2020). *El psicópata integrado vacía a su víctima sin tocarle un pelo.* El Mundo. Recuperado de https://www.elmundo.es/papel/2020/06/23/5ef088fafdddff36a78b464a.html

Narcisistas, codependientes e inteligencia emocional (s. f.). *La ensalada de palabras*. Recuperado de https://narcisistascodependienteseinteligenciaemocional.com/2018/02/07/ensalada-palabras/

Perlado, M. (2020). *¡Captados! Todo lo que debes saber sobre las sectas. Qué son, cómo funcionan, cómo ayudar*. Barcelona: Ariel.

Pifarré, J. (2015). *Trastornos del pensamiento y del lenguaje*. En J. Vallejo (coord.), *Introducción a la psicopatología y la psiquiatría* (8.ª ed.). Barcelona: Elsevier Masson. Recuperado de https://www.pir.es/impugnaciones2018/pregunta77/cap45%20Trast%20PENSAMIENTO%20y%20LENGUAJE.pdf

Piñuel, I. (2016). *Amor Zero: Cómo sobrevivir a los amores con psicópatas*. Madrid: La Esfera de los Libros.

Rodríguez, M. (2021). *Más allá del narcisismo espiritual*. Bilbao: Desclée De Brouwer.

Rodríguez, S. (2014). *Seducción, los psicópatas son encantadores de serpientes*. Recuperado de https://www.silviarodriguez.es/seduccion-los-psicopatas-son-encantadores-de-serpientes/

Rodríguez, S. (2019). *La triangulación de los narcisistas*. Recuperado de https://www.silviarodriguez.es/triangulacion-psicopata-narcisista/

Rodríguez, S. (2020). *Si el psicópata se enfada te va a castigar*. Recuperado de https://www.silviarodriguez.es/si-el-psicopata-se-enfada-te-va-a-castigar/

Royal College of Psychiatrists. (s. f.) *Afrontamiento después de un evento traumático*. Recuperado de https://www.rcpsych.ac.uk/mental-health/translations/spanish/coping-after-a-traumatic-event?searchTerms=tept

Salama, S. [@Solsalama] (4 de abril de 2021). *Me duele a veces la simpleza…* [Twitter]. Recuperado de https://twitter.com/solsalama/status/1378755583608827912

Sánchez, E. (2022). *La triangulación narcisista: Poner a un tercero en contra*. La mente es maravillosa. Recuperado de https://lamenteesmaravillosa.com/la-triangulacion-narcisista-poner-a-un-tercero-en-contra/

Santa María, L. (2020). *Psicopatía y sectas*. En Santiago Herrero, Francisco J. *La psicopatía. Un enfoque multidisciplinar*. Madrid: McGraw Hill.

Stamateas, B. (2013). *Gente tóxica*. Barcelona, España: B de Bolsillo (Ediciones B)

Torres, A. (s. f.). *Perfil psicológico de un psicópata en 12 rasgos inconfundibles*. *Psicología y Mente*. Recuperado de https://psicologiaymente.com/personalidad/perfil-psicologico-psicopata

Varela, I. (24 de marzo de 2021). *Ahora que todas creemos a Rocío*. Pikara Magazine. Recuperado de https://www.pikaramagazine.com/2021/03/ahora-que-todas-creemos-a-rocio/

Valera, S. (2021). *Elementos básicos de la psicología ambiental. Teoría de la indefensión aprendida*. Barcelona, España. Universidad de Barcelona. Recuperado de http://www.ub.edu/psicologia_ambiental/unidad-4-tema-8-4-2

DIRECTORA: OLGA CASTANYER

ÚLTIMOS TÍTULOS PUBLICADOS

221. *Mente plena, corazón contento. Un programa de Mindfulness y Regulación Emocional.* GONZALO PEREYRA SÁEZ
222. *Quiero aprender... a gestionar mi estrés.* ELENA MENDOZA - CARMEN CASTRO (2ª ed.)
223. *Mi único sí. Aprendizajes de un cáncer.* ANA CARDONA
224. *Altamente capaces (y divergentes).* RAFAEL PARDO FERNÁNDEZ - LUZ GONZÁLEZ RUBIN
225. *Las 7 tareas espirituales del duelo.* JOSÉ CARLOS BERMEJO (2ª ed.)
226. *Otromundo. Descubrirlo, vivirlo, comprenderlo. Una guía de viaje al mundo de las personas con demencia.* ERICH SCHÜTZENDORF - JÜRGEN DATUM
227. *Reactívate. Menos medicamento y más movimiento.* ANTONIO JESÚS CASIMIRO ANDÚJAR - JOSÉ ANTONIO SANDE MARTÍNEZ (2ª ed.)
228. *Meditación y creación literaria. Aprende a vivir y a escribir mejor.* PILAR BLANCO
229. *Me cuesta estar bien.* ROCÍO RIVERO
230. *Cuaderno de trabajo para el cambio de hábitos. Cómo romper hábitos negativos e instalar hábitos positivos.* JAMES CLAIBORN / CHERRY PEDRICK
231. *¿Tengo un trauma corporal? Herramientas somáticas para sentirte seguro con tu cuerpo.* ERIKA SHERSHUN
232. *Conoce tu ansiedad y aprende a gestionarla. Una visión integradora de la ansiedad.* PUBLIO VÁZQUEZ
233. *Psicología positiva: aprende a ser feliz con la ciencia del bienestar.* IAGO TAIBO
234. *La mesa de la vida. Manual contra el sufrimiento y la desesperanza.* E. GALINDO BONILLA
235. *La asertividad por dentro y por fuera.* OLGA CASTANYER - ELENA VILLAR
236. *Dinámicas de grupos. Aprende a convivir, trabajar y dirigir grupos.* J. GARCÍA FORCADA
237. *Cuaderno de trabajo para la ira basado en la Terapia de Aceptación y Compromiso (ACT). Gestionar nuestras emociones y recuperar nuestra vida.* MANUELA O'CONNELL - ROBYN WALSER
238. *Da vida a tus sueños. 12 caminos para crecer y despertar.* MAGDA BARCELÓ
239. *Bondad práctica y radical. Yo conmigo Yo contigo Nosotros y Nosotras.* J. L. BIMBELA
240. *Sanar la ansiedad. Técnicas de respiración consciente y desarrollo personal para transformar la ansiedad en la vida que deseas.* IVÁN SÁNCHEZ
241. *Yo tampoco puedo con todo. Una guía para cuidarme y priorizar mi salud mental.* J. VEGA
242. *La escritura que cura. Manual de escritura expresiva para no profesionales.* L. ETXEBARRIA
243. *Liberémonos del narcisismo.* MARIBEL RODRÍGUEZ
244. *Cuaderno de trabajo para el trastorno de ansiedad generalizada. Actividades de TCC para controlar la ansiedad, enfrentarse a la incertidumbre y superar el estrés.* DR. LAWRENCE E. SHAPIRO
245. *Kit de herramientas para la depresión. Alivio rápido para mejorar el estado de ánimo, aumentar la motivación y sentirse mejor ahora.* WILLIAM J. KNAUS, EDD - ALEX KORB, PHD - PATRICIA J. ROBINSON, PHD - LISA M. SCHAB, LCSW - KIRK D. STROSAHL, PHD
246. *Dejé de ser yo. Memorias de un abuso narcisista.* DÉBORA PALOP

Serie MAIOR

77. *Aprendiendo a habitarnos. Un modelo de intervención psicoterapéutica con personas con historia de trauma.* PEPA HORNO GOICOECHEA (2ª ed.)
78. *Violencia vicaria. Golpear donde más duele.* SONIA VACCARO
79. *Reconocer y superar las relaciones tóxicas y la dependencia emocional. El apego adulto y el modelo PARCUVE.* MANUEL HERNÁNDEZ PACHECO
80. *La psicóloga en casa. Las posibilidades de la intervención psicológica en el domicilio de las personas.* NATALIA ZAIRA PEDRAJAS SANZ - Ilustraciones de BELÉN BRIGIDO